SCHWARZWALD MITTE/NORD

Chris Bergmann

Mit Tourenkarten z

BRUCKMANN

DER AUTOR
Chris Bergmann ist fast überall im Norden Europas zu Hause. Seine Schwerpunkte sind die Geschichte, die Kultur und die Bewohner der Länder, die er bereist. Über Skandinavien und zahlreiche Gebiete in Deutschland, Osteuropa und Frankreich hat er Wander- und Radführer veröffentlicht.

Ein kostenloses Gesamtverzeichnis erhalten Sie beim
Bruckmann Verlag
D-81664 München

www.bruckmann.de

Lektorat: Sylvia Wohofsky, München
Layout: Werner Kopp, Hebertshausen
Kartografie: Annelie Nau
Herstellung: Thomas Fischer

Alle Angaben dieses Werkes wurden vom Autor sorgfältig recherchiert und auf den aktuellen Stand gebracht sowie vom Verlag geprüft. Für die Richtigkeit der Angaben kann jedoch keine Haftung übernommen werden. Für Hinweise und Anregungen sind wir jederzeit dankbar. Bitte richten Sie diese an:
Bruckmann Verlag
Lektorat
Innsbrucker Ring 15
D-81673 München
E-Mail: lektorat@bruckmann.de

Motiv der Umschlagvorderseite: Hexenlochmühle im Hochschwarzwald bei Furtwangen
Bildnachweis: Alle Fotos im Innenteil vom Autor außer: S. 9r, 10, 11, 13, 15, 16, 17, 19, 23, 24, 27, 28, 31, 32, 35, 37, 47, 48, 51, 53, 57, 58, 74, 78, 81, 88, 91, 93, 97, 99, 103 ,104, 106, 111, 114, 118 Peter und Ute Freier.
Umschlagvorderseite: Bildverlag Bildwerbung Dr. W. Bahnmüller, Geretsried

Die Deutsche Bibliothek – CIP-Einheitsaufnahme
Ein Titeldatensatz für diese Publikation ist bei der Deutschen Bibliothek erhältlich.

Printed in Italy by Printer Trento
ISBN 3-7654-4129-5

PIKTOGRAMME ERLEICHTERN DEN ÜBERBLICK:

Schwierigkeitsgrad:
- leicht
- mittel
- anspruchsvoll

- Weglänge
- Gehzeit
- kindgerecht
- Seilbahn

ZEICHENERKLÄRUNG ZU DEN TOURENKARTEN

- A4 9 — Autobahn
- 40 — Hauptstraße
- Landstraße
- Nebenstraße/Ortsstraße
- Fahrwege
- Forstweg
- Fußpfad
- Bahnlinie mit Bahnhof
- A E — Tourenführung mit Anfangs- und Endpunkt
- Tourenvariante
- Haslach — Sehenswerter Ort/Stadt
- Gipfel
- Pass
- Quelle/Wasserfall
- P — Parkmöglichkeit
- H — Bushaltestelle / Bus
- Bahnhof / Zug
- E A — Anfangs-/Endpunkt
- Richtungspfeil
- 10 — Touren-Nr.
- Seilbahn
- Fernwanderweg

- Aussicht
- Einkehr/Hütte
- Kirche/Kloster
- Turm
- Museum
- Therme
- Denkmal
- Schloss/Burg/Ruine
- Höhle/Grotte
- Prähistorische Fundstelle
- Strand
- Camping
- Rastplatz
- Information
- Bildstock
- Markanter Baum
- Landschaftlicher Höhepunkt/ Sehenswert
- Mühle
- Flughafen
- Tunnel
- Randhinweispfeil
- N, 0 — 1 km — Maßstableiste (1 : 100 000)

Die Heuhüttentäler sind sonnige Oasen im Hang des Nordschwarzwaldkamps.

Inhalt

Zeichenerklärung zu den Tourenkarten 3

Wandern im Schwarzwald **8**

Landschaft und Natur **14**

Sehenswertes **22**

30 Wanderungen

1 Von Waldbronn nach Marxzell **38**
Hoch über dem Albtal **19 km** **5 Std.** ◑ ☺

2 Von Neuenbürg zum aussichtsreichen Dobel **41**
Von der Schlossstadt an der Enz in das romantische Eyachtal **22,5 km** **5¾ Std.** ○ ☺

3 Von Höfen nach Bad Wildbad **44**
Aussichtsreich über den Eiberg **15 km** **4 Std.** ◑

4 Durch das Monbachtal nach Bad Liebenzell 46

Durch die wildromantische Monbachklamm — 8 km — 2 Std. ◑

5 Von Bad Liebenzell nach Hirsau und Calw 48

Ruinenromantik und Hermann-Hesse-Stadt im Nagoldtal — 10 km — 2½ Std. ○ ☺

6 Über den Zavelstein nach Bad Teinach 50

Krokuswiesen, Stauferburg und königliches Hofbad — 12 km — 3 Std. ○ ☺

7 Über den Egenhäuser Kapf nach Altensteig 52

Fachwerkstädte, Naturidyllen, Panoramen — 17 km — 4½ Std. ◑

8 Vom Kaltenbronn durch das Wildseemoor 54

Durch Deutschlands größtes Hochmoor — 13 km — 3½ Std. ○ ☺

9 Quellenerlebnispfad im Albtal 56

Zur Plotzsägmühl bei Bad Herrenalb — 11 km — 2¾ Std. ○ ☺

10 Von Gaggenau zum Bernstein 59

Schönster Aussichtsfelsen zwischen Murg- und Albtal — 21 km — 5½ Std. ○

11 Von Baden-Baden über den Battert 62

Burgruinen und Aussichtsfelsen — 16 km — 4 Std. ◑ ☺

12 Von Forbach zum Hohloh 65

Heuhüttentäler und Felsen hoch über dem Murgtal — 21 km — 5½ Std. ◑

13 Zur Badener Höhe 68

Großartiges Panorama — 21 km — 5½ Std. ◑

14 Von Bühlertal zu den Gertelbachfällen 71

Wasserfälle und großartige Aussichtsfelsen — 10 km — 2½ Std. ◑ ☺

15 Über die Hornisgrinde zum Mummelsee 73

Aussicht auf den höchsten Nordschwarzwaldberg — **6 km** **3¼ Std.** ◑ ☺

16 Von Huzenbach nach Klosterreichenbach 76

Teichrosenromantik über dem oberen Murgtal — **16 km** **4 Std.** ◑ ☺

17 Dreiseeenwanderung bei Baiersbronn 79

Über den Kniebis — **20 km** **5 Std.** ◑

18 Wildseeblick und Ruhestein 82

Durch die aussichtsreiche Grinde — **8 km** **2 Std.** ○ ☺

19 Von Oberkirch zu den Allerheiligenfällen 84

Wald, Aussicht, Wasserfälle — **22 km** **5½ Std.** ◑

20 Von der Nordrach auf die Moos 86

Panoramagipfel im Westen des mittleren Schwarzwalds — **14,5 km** **3½ Std.** ◑

21 Von Gengenbach nach Biberach 89

Schanzenweg hoch über Kinzig- und Nordrachtal — **30 km** **7½ Std.** ◑

22 Vom Kniebis nach Hausach 92

Paradestrecke des Westwegs ins Kinzigtal — **31 km** **8 Std.** ◑

23 Zum Burgbachwasserfall 96

Hoch über dem Wolftal — **12 km** **3 Std.** ◑ ☺

24 Von Schenkenzell nach Wolfach 98

Auf dem Kinzigtäler Jakobsweg — **24 km** **6 Std.** ◑

25 Zur Burg Hohenschramberg und zum Fohrenbühl 102

Über die Täler von Schiltach, Kinzig und Gutach — **22,5 km** **5¾ Std.** ○ ☺

26 **Von Sankt Georgen nach Hornberg** 105
Fantastische Ausblicke hoch über dem Gutachtal — 18 km — $4\frac{1}{2}$ Std. ○ ☺

27 **Von Haslach nach Hausach** 109
Auf dem Hansjakobweg hoch über dem Kinzigtal — 12 km — 3 Std. ○ ☺

28 **Von Haslach zu den Höhenhäusern** 112
Im aussichtsreichen Süden des Naturparks — 26 km — $6\frac{1}{2}$ Std. ○ ☺

29 **Aus dem Schuttertal zur Hohengeroldseck** 115
Im sanften Süden der Ortenau — 13 km — $3\frac{1}{4}$ Std. ○ ☺

30 **Durch den Taubergießen** 117
Naturparadies am Fuße des Schwarzwalds — 11 km — 3 Std. ○ ☺

Register 120

Tourenkarten zum Heraustrennen 121

Das neue Markierungssystem im Schwarzwald enthält die Standortangabe, die Fernwegangabe und die mit der gelben Raute markierten lokalen Wege einschließlich der Zielangaben.

Blick vom Falkenfelsen auf das Wiedenbachtal.

Wandern im Schwarzwald

Der Schwarzwald ist das am besten durch Wanderwege erschlossene und – dank seiner traditionell auf wandernde Gäste eingestellten touristischen Infrastruktur – das meistbesuchte Mittelgebirge Deutschlands, der Naturpark »Schwarzwald Mitte/Nord« der größte unter allen deutschen Naturparks. Von Baden-Baden und Pforzheim erstreckt sich dieses außerordentlich abwechslungsreiche Gebiet südwärts bis über das Kinzigtal hinaus nach Hornberg im Gutachtal und bis in den Süden der Ortenau. Zu den Höhepunkten zählen die Wanderungen auf dem Kamm des höchsten deutschen Mittelgebirges: Wildseemoor und Hohloh, Schliffkopf, Ruhestein und Hornisgrinde bilden die Eckpfeiler für die schönsten Aussichtswanderungen. Tausende von Kilometern an Wanderwegen führen durch diesen Naturpark, darunter als berühmtester der von Pforzheim nach Basel führende »Westweg« des Schwarzwaldvereins; ihm folgt im nördlichen und mittleren Schwarzwald auf derselben Route der Europäische Fernwanderweg 1.

Wegen der tief eingeschnittenen Täler sind fast alle Wanderungen im Naturpark Schwarzwald Mitte/Nord mit zum Teil erheblichen Anstiegen verbunden, doch durch das Murgtal, das Albtal und das Elztal fahren moderne S-Bahnen, Kinzig- und Gutachtal sind durch die Schwarzwaldbahn erschlossen, und an allen DB- und S-Bahnhöfen hat man in der Regel die Möglichkeit, mit dem Bus weiter auf die Höhen zu fahren. Dies bietet bei vielen längeren Wanderungen die Möglichkeit, sich – zum Beispiel mit kleinen Kindern – die schwierigen Aufstiege zu sparen und auf den Höhen in die Tour einzusteigen. Dank der guten Verkehrsverbindungen lassen sich viele der größeren Wanderungen teilen bzw. dank der guten Unterkunftssituation mit einer Übernachtung verbinden – wie auf der »großen« Westweg-Wanderung vom Kniebis nach Hausach oder auf dem Kinzigtäler Jakobsweg.

Fahrplanauskunft

Die »ElektronischeFahrplanAuskunft Baden-Württemberg für Busse und Bahnen« listet alle Verbindungen zu den Ausgangs- und Endpunkten von Wanderungen auf: www.efa-bw.de

Markierung und Ausschilderung

Die Wanderwege im Schwarzwald sind so gut ausgeschildert und markiert, dass ein Verirren fast unmöglich ist. Die Grundmarkierung ist eine farbige Raute:

- *rote Raute:* steht für überregionale Fernwanderwege
- *blaue Raute:* für Zugangswege zu den Höhenwegen
- *gelbe Raute:* für lokale Wanderwege

An allen markanten Punkten stehen Wegweiser mit namentlicher Ausschilderung der nächsten Orte und exakten Längenangaben. Bis 2006 sollen alle lokalen Wanderwege mit dem Zeichen gelbe

links: Zahlreiche Brunnen spenden während der Wanderungen im Nordschwarzwald Erfrischung, wie hier der Auchhalder Brunnen bei Bad Wildbad.

rechts: Krokusblüte bei Zavelstein

Raute neu markiert werden; im Naturpark Schwarzwald Mitte/Nord ist dies zum Teil bereits erfolgt, zum Teil noch nicht, weshalb im Text bei lokalen Wanderwegen noch die traditionelle Markierung genannt ist.

Wanderausrüstung

Da die Wanderwege im nördlichen und mittleren Schwarzwald gepflegten Wegen ebenso wie wurzeligen und felsigen Pfaden folgen, sind leichte Trekkingstiefel mit rutschfester Sohle die optimale Fußbekleidung beim Wandern. Gegen kalte Winde auf den Höhen und gegen plötzliche Wetterumschwünge ist man mit einer wind- und wasserfesten Jacke und einem warmen Pullover gewappnet. Da in höheren Lagen viele Wege durch aussichtsreiches Grünland führen, muss auch ein Sonnenschutz zur Ausrüstung gehören. Trotz guter Markierung und namentlicher Ausschilderung sollte die Wanderkarte stets zur Hand sein.

Wanderkarten

Der Schwarzwaldverein gibt in Zusammenarbeit mit dem Landesvermessungsamt Baden-Württemberg flächendeckend für den Schwarzwald eine Wander- und Radwanderkartenserie im Maßstab 1:50 000 heraus. Diese »Schwarzwaldvereins-Wanderkarten« verzeichnen die Wanderwege des Schwarzwaldvereins sowie viele weitere Wanderwege und genügen der Orientierung auf den meisten Wanderungen. Wer an detailreicheres Karten-

In der Darmstädter Hütte kann man einkehren und übernachten (Tour 18).

material gewöhnt ist, benutzt zusätzlich zu den Schwarzwaldvereins-Wanderkarten die Atlasco-Wanderkarten, die es in unterschiedlichen Maßstäben – meist 1:30 000 bzw. 1:35 000 – flächendeckend für den gesamten Schwarzwald gibt; sie verzeichnen weitaus mehr interessante Punkte als die Karten des Maßstabs 1:50 000 und auch fast alle lokalen Wanderwege. Derzeit noch nicht flächendeckend für den gesamten Naturpark Schwarzwald Mitte/Nord liegen die neuen Schwarzwaldvereins-Wanderkarten im Maßstab 1:30 000 vor; es gibt derzeit die Blätter »Vorderes Kinzigtal« und »Enz-Nagold-Teinach«.

Schwarzwaldverein

Der Schwarzwaldverein, der älteste deutsche Gebirgs- und Wanderverein, gibt nicht nur Wander- und Radtourenkarten heraus, er markiert und unterhält die Wanderwege und Wanderhütten und ist mit einer informativen Website im Internet präsent. Auskunft: Schwarzwaldverein, Schlossbergring 15, 79098 Freiburg, Tel. 0761/3 80 53 20, www.schwarzwaldverein.de

Schwarzwaldbahn

Auf einer der attraktivsten Mittelgebirgsbahnstrecken Europas erschließt die Schwarzwaldbahn den badischen Schwarzwald auf einer Länge von 149 km zwischen Offenburg an der Kinzig und Singen am Hohentwiel. Unter der Leitung von Robert Gerwig wurde die zweigleisige Strecke als eine der tunnelreichsten

Das Lierbachtal zieht sich von Allerheiligen hinunter nach Oppenau im Renchtal.

Gebirgsbahnen der Erde errichtet und 1873 eröffnet, zu den reizvollsten Abschnitten zählt die Steigung von Hornberg (384 m) im Gutachtal über Triberg (616 m) nach St. Georgen (806 m).
Mehrmals jährlich werden Sonderfahrten mit der Schwarzwaldbahn angeboten, darunter »Romantikfahrten« auf der Paradestrecke von Triberg nach Sankt Georgen und zurück. 2004 erhielt die Deutsche Bahn AG den Zuschlag für den weiteren Betrieb der Strecke ab 2006 und versprach, weiterhin im Stundentakt zu fahren.

Wandern, Radwandern, Mountainbiking

Als höchstes deutsches Mittelgebirge mit einer Reliefenergie von über 1000 Höhenmetern hat sich der Schwarzwald in den letzten Jahren zu einer Mountainbikehochburg entwickelt, die vergleichsweise ruhige Kammstruktur der Hochlagen wiederum bildet ein optimales Terrain für Radwanderungen unterschiedlichster Ansprüche. Mittlerweile ist ein umfassendes Radwegenetz ausgeschildert, wobei die Radtrassen oftmals anderen Routen folgen müssen als die Wanderrouten, da das baden-württembergische Waldbetretungsgesetz eine Mindestwegbreite von 2 m für Fahrräder vorschreibt. Schmälere Wege und Pfade dürfen nicht befahren werden!
Zu den schönsten Routen im Naturpark Schwarzwald Mitte/Nord zählt der Schwarzwald-Radweg: Mit seinem Wechsel aus leichten Talpassagen, zum Teil extrem steilen Anstiegen und rasanten Abfahrten in der Bilderbuchlandschaft des nördlichen und mittleren Schwarzwalds ist er einer der abwechslungsreichsten deutschen Radwege überhaupt. Kilometerlange Waldpassagen ohne jedwede Siedlung wechseln mit Tälern, in denen prachtvolle Bauernhöfe aufschauen lassen oder denkmalgeschützte Fachwerkstädte zur Rast laden. Dank seiner ausgezeichneten Anbindung an den öffentlichen Nahverkehr mit S-Bahn, DB und Velo-Bussen (Südbadenbus und Südwestbus) ist er nicht nur für kraftstrotzende Bergbiker attraktiv, sondern auch für diejenigen, die – zum Beispiel mit Kindern – kräftige Anstiege scheuen: Man lässt sich mit Bus oder Bahn aufs Gebirge bringen, steigt dort in den Schwarzwald-Radweg ein

Auskunft

Naturpark Schwarzwald Mitte/Nord e.V., Herrenfelder Straße 14, 72250 Freudenstadt, Tel. 07441/92 00, www.naturparkschwarzwald.de

Top-Ten-Wanderungen im Naturpark Schwarzwald Mitte/Nord

- **Wildseeblick und Ruhestein:** Panoramatour auf dem Grindenschwarzwald (Tour 18)
- **Über die Hornisgrinde zum Mummelsee:** Über den aussichtsreichen höchsten Nordschwarzwaldberg zum berühmtesten Karsee des Schwarzwalds (Tour 15)
- **Von Sankt Georgen nach Hornberg:** Panoramatour über dem Gutachtal mit einzigartigen Tiefblicken (Tour 26)
- **Durch das Monbachtal nach Bad Liebenzell:** durch eine der urtümlichsten Schwarzwald-Schluchten (Tour 4)
- **Vom Kaltenbronn durch das Wildseemoor:** durch eines der größten Hochmoore Deutschlands (Tour 8)
- **Von Bühlertal zu den Gertelbachfällen:** Wasserfälle und Aussichtsfelsen (Tour 14)
- **Von Forbach zum Hohloh:** Heuhüttentäler und Aussichtsfelsen hoch über dem Murgtal (Tour 12)
- **Vom Kniebis nach Hausach:** Paradestrecke des Westwegs und des Europäischen Fernwanderwegs 1 (Tour 22)
- **Von Baden-Baden über den Battert:** Felsen, Aussichten, Kultur (Tour 11)
- **Taubergießen:** durch eines der bedeutendsten Feuchtgebiete Mitteleuropas (Tour 30)

und nimmt als Ziel einen S- oder DB-Bahnhof; im Karlsruher Verkehrsverbund können in allen Zügen, Bahnen und sogar in den Bussen täglich ab 9 Uhr und am Wochenende ganztags Fahrräder unentgeltlich mitgenommen werden.

Blick auf den Burgberg von Hohengeroldseck

Landschaft und Natur

Der Schwarzwald erstreckt sich auf einer Länge von 166 km vom Durlacher Turmberg im Norden bis Bad Säckingen am Hochrhein. Seine höchste Erhebung ist der aussichtsreiche Feldberg (1493 m) im Südschwarzwald, der höchste Nordschwarzwaldberg ist die ebenso aussichtsreiche Hornisgrinde (1164 m).
Wie beim Odenwald, beim Pfälzerwald und bei den Vogesen erhebt sich die sonnige, felsige Schauseite des Schwarzwalds aus der Oberrheinebene, der wärmsten Region Deutschlands: Während andernorts im Frühjahr noch Schnee liegt, kann man hier in den Rebhängen der Badischen Weinstraße, der Ortenau und des Kaiserstuhls schon in einem Blütenmeer wandern. Und während im kalendarischen Frühsommer auf den Höhen subalpine Pflanzen ihre Blüten entfalten, gedeihen in knapp 20 km Luftlinienentfernung in den Westhängen des Gebirges Erdbeeren und Reben – an Abwechslungsreichtum ist der Schwarzwald kaum zu überbieten.

Sonnige Ortenau

Die größte Landschaftseinheit im Naturpark Schwarzwald Mitte/Nord ist die sonnige Ortenau mit ihren wunderschönen Fachwerkstädtchen – darunter die ehemaligen Reichsstädte Offenburg, Gengenbach und Zell am Harmersbach –, ihren Weinbergen (Spätburgunder, Riesling, Traminer, Müller-Thurgau), Burgen und Obst- und Tabakanbaugebieten (Oberrheinisches Tabakmuseum in Mahlberg) in der Vorbergzone des Schwarzwalds, dem malerischen Kinzigtal als einem der größten Schwarzwaldtäler, den Wasserfällen und Schluchten im westlichen Steilhang des Gebirges und den höchsten Nordschwarzwaldbergen auf dem Grindenkamm. Von der Gründung der Reichslandvogtei (M-)Ortenau durch den Habsburger-König Rudolf I. 1274 bis zur Vereinigung mit Baden 1805/06 bezeichnete der Begriff Mortenau bzw. Ortenau ein Staatsgebiet am Ausgang des Kinzigtals in die Oberrheinebene, seit der Gründung des Ortenaukreises 1973 deckt sich das Gebiet der Ortenau wieder in etwa mit dem der alten alemannischen Gaugrafschaft Mortenau, wie sie vom 8. Jh. bis zum Aussterben der Zähringer (1218) bzw. der Staufer (1268) bestand: Vom Rhein reicht die abwechslungsreiche Landschaft bis zum Hauptkamm des Nordschwarzwalds hinauf und bis in den nördlichen Tälerschwarzwald, die Bleich bildet im Süden die Grenze zum Breisgau – auf nur 30 km steigt das Gelände von 124 m im Rheintal bis auf über 1.000 m an und gipfelt in 1.164 m in der Hornisgrinde, dem höchsten Nordschwarzwaldberg. Im Südosten erstreckt sich der Ortenaukreis bis zu den Höhen ober-

Ein Nebengebäude der Gaststätte Sodhof, oberhalb von Wittelbach im Schuttertal

Beliebtes Ausflugsziel: Die Gaststätte an der Klosterruine Allerheiligen

halb von Hornberg im Gutachtal an der Grenze zum Naturpark Südschwarzwald, der Vogtsbauernhof im Gutachtal ist eines der bekanntesten Freilichtmuseen des Schwarzwalds. Burg Ortenberg, das heutige »romantische« Schloss Ortenberg über dem Kinzigtal bei Offenburg, war Sitz der (M-)Ortenauer Reichslandvögte, unter dem Einfluss der Burgnamens wurde der Begriff »Mortenau« im 15. Jh. durch den Namen »Ortenau« ersetzt.

Veränderungen nach »Lothar«

Am 23. Dezember 1999 tobte der Orkan »Lothar« mit Geschwindigkeiten von bis zu 240 km/h über die Vogesen und den Schwarzwald. Der vom Deutschen Wetterdienst nicht vorausgesagte »Weihnachtssturm« übertraf alles Erlebte, er entwurzelte nicht nur Fichten und andere standortfremde Flachwurzler und Monokulturen, sondern legte auch naturnahe Eichen- und Buchenwälder nieder, insgesamt mehrere Millionen Festmeter Holz. Allein auf dem Gebiet der mit am stärksten betroffenen Gemarkung Nordrach im mittleren Schwarzwald warf der Sturm etwa eine halbe Million Festmeter Holz, zahlreiche Hänge wurden regelrecht blank gefegt.

Die entstandenen Freiflächen bieten heute einen großen Aussichtsreichtum, die ökologischen Auswirkungen der großflächi-

Sehenswerte Wasserfälle im Naturpark Schwarzwald Mitte/Nord

Wasserfälle und Kaskaden in Schluchten zählen zu den schönsten Ausflugszielen in der Landschaft des Naturparks Schwarzwald Mitte/Nord:

▶ **Absbachwasserfall (Bad Rippoldsau-Schapbach):** Der in seiner Wasserführung starken Schwankungen unterworfene Absbachwasserfall ist ein mehrstufiger Wasserfall von insgesamt 20 m Fallhöhe.

▶ **Allerheiligenfälle (Oppenau):** 83 m hohe Wasserfalltreppe in der Lierbachschlucht, imposanteste Wasserfälle im Nordschwarzwald; siehe Wanderung 19.

▶ **Burgbachwasserfall (Bad Peterstal-Griesbach):** 15 m Fallhöhe in einem schluchtartigen Seitental der Wolf; siehe Wanderung 23.

▶ **Edelfrauengrab (Ottenhöfen):** Mit 8 m Fallhöhe der bekannteste der Wasserfälle in der Klamm des Gottschlägbachs, der hier 100 m zu Tal stürzt.

▶ **Gaishöll-Wasserfälle (Sasbachwalden):** Oberhalb von Sasbachwalden stürzt der Brandbach in Kaskaden durch die von Blockwerk und riesigen Felsen geprägte Gaishöll-Schlucht. Der Wanderweg durch die sagenumwobene Gaishölle kreuzt auf zwölf Brücken den Bach.

▶ **Geroldsauer Wasserfall (Baden-Baden):** Der Grobbach stürzt aus einer Klamm über eine 9 m hohe Granitstufe in die »Bütte«, wo das Gasthaus »Bütthof« zur Einkehr lädt. Das romantische Grobbachtal mit dem Geroldsauer Wasserfall ist vor allem zur Zeit der Rhododendron-Blüte ein beliebtes Wanderziel.

▶ **Gertelbachfälle (Bühlertal):** Bis zu 7 m hohe Wasserfälle in der Gertelbachschlucht; siehe Wanderung 14.

▶ **Laufbachfälle (Loffenau):** Die Wasserfälle in der romantischen Schlucht des Laufbachs oberhalb von Loffenau sind durch einen Wanderweg erschlossen.

▶ **Monbachtal (Bad Liebenzell):** In einem der urtümlichsten Nordschwarzwaldtäler bildet der Monbach zahlreiche Kaskaden und kleinere Wasserfälle. Bis 1888 war das Tal unzugänglich, dann legte der Liebenzeller Verschönerungsverein einen Wanderpfad an; bis heute führt der Pfad mehrfach auf Steinen durch das Bachbett: Nach starken Regengüssen kann es unpassierbar sein; siehe Wanderung 4.

▶ **Sankenbach-Wasserfälle (Baiersbronn):** Der Sankenbach stürzt in zwei Stufen über 40 m durch die Karwand des im Sankenbachkessel gelegenen Sankenbachsees; siehe Wanderung 17.

gen Windwürfe werden sich jedoch erst in einigen Jahren zeigen. Da bei den Aufräumarbeiten der Waldboden von schwerstem Arbeitsgerät verdichtet und das gesamte Wasserabführungsnetz zerstört wurde, ist in den entwaldeten Hängen mit starker Erosion zu rechnen, bei Starkregen können Schlammlawinen und Erdrutsche entstehen. Da eine Wiederaufforstung aller Gebiete aus Kostengründen unmöglich ist, wird sich vielerorts eine neue Flora entwickeln.

Ferienstraßen im nördlichen und mittleren Schwarzwald
Mehrere Ferienstraßen erschließen die schönsten Gegenden und Orte des Schwarzwalds. Sie sind empfehlenswerte Routen für die Anfahrt zu den Ausgangspunkten der Wanderungen.

Schwarzwaldhochstraße
Die Schwarzwaldhochstraße ist für Auto- und Motorradfahrer die Traumroute des Nordschwarzwalds. Auf einer Länge von 60 km verbindet sie Baden-Baden und Freudenstadt auf Höhen zwischen 700 und 1100 m: Entlang der Strecke bieten sich prachtvolle Ausblicke in die Schwarzwaldtäler, ins Rheintal und zu den Vogesen sowie im Spätherbst und Winter bis zu den Alpen. Die Hotels und Parkplätze längs der Straße sind Ausgangspunkte für lohnende Wanderungen auf Aussichtsberge, zu Wasserfällen, malerischen Felsgruppen und Karseen, und im Winter ist das Gebiet längs der Schwarzwaldhochstraße ein Eldorado für alpine und Langlauffreuden. Wegen des guten öffentlichen Busverkehrs lohnen sich auch Streckenwanderungen über die Berge und durch die Moore längs der Schwarzwaldhochstraße: Der Westweg und der Europäische Fernwanderweg 1 folgen der Schwarzwaldhochstraße vom Kurhaus Sand (Bühl) über die Hornisgrinde bis zur Alexanderschanze, wobei die Route an Bushaltestellen immer wieder die Straße tangiert. Von Baden-Baden bis zur Alexanderschanze am Kniebis bei Freudenstadt folgt die Schwarzwaldhochstraße der B 500.

Schwarzwald-Bäderstraße
Die Schwarzwald-Bäderstraße verbindet als 270 km langer Wellness-Rundkurs die Heilbäder des Nordschwarzwalds zwischen Pforzheim im Norden und Freudenstadt im Süden. Hier sprudeln

die seit Jahrhunderten als heilkräftig bekannten Mineral- und Thermalquellen: Bad Liebenzell und Bad Teinach im Nagoldtal, Bad Wildbad im Enztal, Bad Rotenfels bei Gaggenau im Murgtal, Bad Herrenalb und Waldbronn im Albtal, Bad Rippoldsau im oberen Tal der Wolfach und das weltbekannte Baden-Baden im Tal der Oos. Hinzu kommen Kurorte wie Neubulach mit Heilstollenkurbetrieb im alten Silberbergwerk.

Schwarzwald-Tälerstraße

Die Schwarzwald-Tälerstraße führt auf 100 km durch die wildromantischen Täler der Murg und der oberen Kinzig. Den Auftakt bildet die Feste Rastatt mit ihrer Barockresidenz, gleich dahinter steht in verträumter Stille »Favorite«, das Lustschloss der Mark-

Einige der alten Bauernhöfe wie der Käppelehof bewirten heute Gäste.

Die Ruinentürme der ehemaligen Klosterkirche von Frauenalb

gräfin Sibylla. Durch Bad Rotenfels und Gaggenau geht es aufwärts nach Gernsbach, wo hoch über der Murg Schloss Eberstein thront. Hier verengt sich das Tal zu einem gebirgigen Einschnitt zwischen schroffen Felsen, grünen Matten, Wäldern und reizvollen Erholungsorten. Über Klosterreichenbach und Baiersbronn geht es weiter in die Renaissance-Stadt Freudenstadt auf der sonnigen Hochfläche des Nordschwarzwalds. Hier wechselt die Tälerstraße ins Kinzigtal, wo sie an der imposanten Klosteranlage von Alpirsbach endet.

Badische Weinstraße

Die Badische Weinstraße führt von Baden-Baden auf 160 km Länge durch die Weinlagen am Fuß des westlichen Schwarzwalds bis nach Basel. Dabei macht sie mit den badischen Weinbaugebieten in der Ortenau, im Breisgau mit Tuniberg, Kaiserstuhl und Glottertal sowie im Markgräflerland bekannt.

Deutsche Fachwerkstraße

Die südwestliche Route der Deutschen Fachwerkstraße führt von Mosbach im Neckartal nach Haslach im Kinzigtal. Von Herrenberg am Rand des Schönbuchs führt die Deutsche Fachwerk-

straße auf den nordöstlichen Schwarzwald zu und erreicht ihn in der Hermann-Hesse-Stadt Calw im Nagoldtal. Die nächsten Fachwerkstädte sind Altensteig mit seiner mittelalterlichen Stadtanlage am Nordhang des Nagoldtals sowie Dornstetten am Westrand des Gäus, ehe die Fachwerkstraße nach Schiltach ins Kinzigtal hinabführt und in der Marktstadt Haslach ihren Endpunkt erreicht.

Der breite Rücken der Hornisgrinde trägt ein stimmungsvolles Hochmoor.

Klosterroute Nordschwarzwald

Die Klosterroute Nordschwarzwald verbindet drei der berühmtesten ehemaligen Klöster: Das einmalig erhaltene Zisterzienserkloster Maulbronn, die malerische Ruinenanlage von Kloster Hirsau und die historische Klosteranlage Alpirsbach.

Deutsche Uhrenstraße

Von Villingen-Schwenningen führt die Deutsche Uhrenstraße auf einer Länge von 320 km durch die Ferienlandschaften des Schwarzwalds und der Baar zwischen Schramberg, Lenzkirch, Waldkirch und Rottweil. An der Strecke liegen reizvolle Museen und Sehenswürdigkeiten rund um die Uhr: Die Kuckucksuhr gehört zum Schwarzwald wie der Bollenhut und die Kirschtorte.

Auf dem Battert bei Baden-Baden

Sehenswertes

Alpirsbach

Die ehemalige Benediktinerabtei im Luftkurort Alpirsbach im Kinzigtal ist eines der eindrucksvollsten Beispiele cluniazensischer Reformarchitektur im Schwarzwald. Die monumentale romanische Säulenbasilika mit ihrer einzigartigen Raumwirkung zählt zu den wenigen unversehrt erhaltenen Schöpfungen der Hirsauer Bauschule. Der spätgotische Kreuzgang bildet seit 1952 den Rahmen für die sommerlichen »Kreuzgangkonzerte« mit europäischen Spitzenorchestern.

Die Dauerausstellung »Mönche und Scholaren« im Klostermuseum dokumentiert die wechselvolle Geschichte des 1535 reformierten Klosters. Die unter dem Namen »Alpirsbacher Klosterbräu« bekannten Biere sind keine Erfindung mittelalterliche Mönche, sondern modernen Unternehmergeistes: Carl Glaner braute 1880 in Alpirsbach sein erstes Lagerbier. Das Brauereimuseum »Alpirsbacher Brauwelt« dokumentiert die Geschichte dieser traditions- und erfolgreichen Schwarzwaldbrauerei.

Info: Tourist-Information Alpirsbach, Hauptstraße 20, 72275 Alpirsbach, www.alpirsbach.de

Bad Wildbad (Wanderung 3)

Das Thermalheilbad Bad Wildbad im Großen Enztal ist einer der ältesten und seit dem 19. Jahrhundert mondänsten Kurorte im Nordschwarzwald.

Durch innovative Maßnahmen und eine Fokussierung auf das Kerngeschäft – Bad Wildbad ist Thermalbad und heilklimatischer Kurort – wurde das Kurambiente seit der deutschen Wiedervereinigung erheblich verbessert, sodass das Staatsbad heute wieder eine echte Alternative zu Baden-Baden ist: Immissionsintensive Betriebe wurden geschlossen, der Durchgangsverkehr aus der Stadt verbannt (er führt seit 1997 durch den 1,7 km langen Meisterntunnel), 2002 wurde die DB-Dieselbahn durch das Enztal durch eine privatwirtschaftlich betriebene hochmoderne S-Bahn auf neuen Gleisen ersetzt.

Sie verkehrt vom frühen Morgen bis mitternachts im Stundentakt bzw. halbstündlich zwischen Pforzheim und Bad Wildbad und

Eine Bergbahn verbindet Bad Wildbad mit dem Naherholungsgebiet Sommerberg.

hat durch die Einrichtung von zehn neuen Haltepunkten im Enztal auch die Wandermöglichkeiten enorm erweitert. 2003 wurde die Stadtbahn vom Bahnhof bis in den Bad Wildbader Kurpark verlängert.
Info: Reise- und Verkehrsbüro Wildbad, König-Karl-Str. 5–7, 75323 Bad Wildbad, www.bad-wildbad-tourismus.de

Baden-Baden (Wanderung 11)

Die ehemalige badische Residenzstadt Baden-Baden mit ihrer autofreien Bäder- und Landschaftspark-Innenstadt im klimatisch begünstigten Oostal avancierte im 19. Jahrhundert zu einem der berühmtesten Kurorte Europas. Thermalbäder, Spielbank, Theater, die Iffezheimer Pferderennen und die abwechslungsreiche

Fachwerkhäuser säumen den Marktplatz von Calw.

Lichtentaler Allee

Die 1655 als Eichenallee von der Stadt zum Zisterzienserinnenkloster Lichtental angelegte Lichtentaler Allee wurde 1850–70 zum Landschaftspark längs der Oos erweitert und zählt zu den bedeutendsten Sehenswürdigkeiten Baden-Badens. Über 300 verschiedene einheimische und exotische Bäume und Pflanzen säumen den Weg. Gusseiserne Stege verbinden die Allee mit den Parks am rechten Ufer der Oos.

Landschaft der Schwarzwald-Vorberge lockten Prominente aus Adel, Geldadel, Kultur und Politik in die »Sommerhauptstadt Europas«. Für die russische Kolonie in Baden-Baden wurde 1880-82 die russisch-orthodoxe Verklärungskirche errichtet. Heute ist Baden-Baden die größte russische Enklave außerhalb Russlands: Die russische Tradition des 19. Jh. – damals kamen auf 5.000 Einwohner ebenso viele Sommergäste aus dem Zarenreich – setzt sich seit dem Zusammenbruch des Ostblocks fort, in Baden-Baden gibt es russische Zeitungen, und Speisekarten weisen Übersetzungen in kyrillischer Schrift auf.
Das Casino in Baden-Baden ist die größte Spielbank Deutschlands und mit ihren prachtvollen Sälen im Stil französischer Königsschlösser eine der schönsten der Welt.
Info: Tourist-Information Baden-Baden, Schwarzwaldstraße 52, 76530 Baden-Baden, www.baden-baden.de

Calw (Wanderungen 8 und 9)
Die Hermann-Hesse-Stadt Calw an der Deutschen Fachwerkstraße liegt im Nagoldtal am Übergang zwischen dem wiesenreichen Hecken- und Schlehengäu und den bewaldeten Bergen des nordöstlichen Schwarzwalds. Wahrzeichen der Altstadt mit ihren über 200 denkmalgeschützten Häusern ist die um 1400 auf dem Mittelpfeiler der ersten steinernen Nagoldbrücke errichtete spätgotische Nikolauskapelle.
Das Hermann-Hesse-Museum am Marktplatz erinnert an den berühmtesten Sohn der Stadt. Es wurde 1990 im historischen Stadtpalais Hans Schütz (1813/14) eröffnet und zeigt eine umfangreiche Sammlung zu Leben, Werk und Wirkungsgeschichte des sehr bekannten Schriftstellers.
Info: Hermann Hesse-Museum, Marktplatz 30, 75365 Calw, www.hermann-hesse.com/html/deutsch/museum.html

Hirsau – eines der berühmtesten deutschen Klöster (Wanderung 5)

Das Benediktinerkloster in Hirsau war während der cluniazensischen Reformbewegung des 11./12. Jh. das bedeutendste Reformkloster nördlich der Alpen, 1692 wurde es im Pfälzischen Erbfolgekrieg von französischen Truppen zerstört. Die malerische Ruinenanlage zählt zu den kunstgeschichtlich herausragendsten Baudenkmälern in Deutschland und bildet im Sommer den Rahmen für die Klosterspiele Hirsau und die Aurelius-Konzerte.

Dornstetten

Die aussichtsreich auf einem Bergsporn am Übergang von Gäu und Schwarzwald gelegene Stadt Dornstetten an der Deutschen Fachwerkstraße wartet mit einem hervorragend sanierten Altstadtkern innerhalb der mittelalterlichen Stadtmauern auf. Ihr Wahrzeichen ist die weithin sichtbare Stadtsilhouette mit ihren Mauerbauten und der gotischen Martinskirche. Der ehemalige Fruchtkasten (Kornspeicher) und die Zehntscheuer beherbergen u. a. das Dornstetter Heimatmuseum. Das Besucherbergwerk im Stadtteil Hallwangen dokumentiert den historischen Bergbau auf Silber, Kupfer und Schwerspat in der Grube Himmlisch Heer.
Info: Tourist-Information Kulturamt Dornstetten, Marktplatz 1-2, 72280 Dornstetten, www.dornstetten.de

Freudenstadt

Die prachtvolle Altstadt von Freudenstadt mit dem mühlebrettartigen Straßengrundriss (1599) um den laubenumgebenen Marktplatz ist das früheste Beispiel einer Wirklichkeit gewordenen »Idealstadt« der Renaissance nördlich der Alpen. Der Marktplatz mit seinen malerischen Wasserfontänen (1999) ist mit einer Fläche von 216 x 219 m der größte in Deutschland.
Konzipiert wurde diese Reißbrettstadt von Herzog Friedrich I. von Württemberg als Residenzstadt eines Staats, der neben Württemberg die württembergischen Besitzungen im Elsass und das lutherische Bistum Straßburg umfassen sollte, bei der Grundsteinlegung der monumentalen Stadtkirche an der Südecke des Marktplatzes erhielt die Stadt ihren Namen. Als der Herzog 1608 starb, starb mit ihm auch der Traum von Freudenstadt als Resi-

denzstadt, das Schloss wurde nie gebaut. Nach der Zerstörung im Zweiten Weltkrieg wurde die Altstadt 1949–55 in der alten Anlageform wieder aufgebaut. 1990 wurde der Marktplatz in die Fußgängerzonen zwischen Stadtbahnhof und Kurhaus einbezogen. Einen hervorragenden Blick auf die Stadt und ihre Umgebung bietet der Herzog-Friedrich-Turm im Süden auf dem autofreien Kienberg.
Info: Gäste-Büro Freudenstadt, Marktplatz 64, 72250 Freudenstadt, www.freudenstadt.de

Gengenbach (Wanderungen 20 und 21)
Die ehemalige Reichsstadt Gengenbach verfügt mit ihrer denkmalgeschützten Altstadt im Kinzigtal über eines der schönsten Stadtbilder im Schwarzwald mit Stadtmauer, Wehrgang, drei Stadttoren und einer Fülle von Fachwerkhäusern aus dem 18./19. Jh.
Info: Tourist-Information Gengenbach, Im Winzerhof, 77723 Gengenbach, www.stadt-gengenbach.de

In der malerischen Altstadt von Gengenbach

Gernsbach (Wanderung 8)

Die von Fachwerkhäusern, Brunnen, Sonnenuhren und winkeligen Gassen geprägte historische Altstadt des Luftkurorts Gernsbach, der »Perle des Murgtals«, zeugt vom Reichtum dieser alten Murgflößerstadt, deren Gebiet bis hinauf zum Wintersportzentrum Kaltenbronn mit dem berühmten Wildseemoor reicht. Das Alte Rathaus (1617/18, Restaurant) mit seiner Volutengiebel-Prunkfassade am Marktplatz ist eines der schönsten Renaissance-Häuser im Schwarzwald.

Errichtet wurde es als Privathaus des reichen Murgschiffers Johann Jakob Kast. Markanteste Teile der mittelalterlichen Stadtmauer sind die Liebfrauenkirche (der im 13. Jh. errichtete West-

Im Zentrum des Städtchens Haslach im Kinzigtal

turm ist Teil der Stadtmauer), die 1764–84 auf der Stadtmauer errichtete Zehntscheuer und der Storchenturm (1449).
Info: Verkehrsamt Gernsbach, Igelbachstraße 11, 76584 Gernsbach, www.gernsbach.de

Haslach (Wanderungen 27 und 28)
Haslach mit seiner denkmalgeschützten Fachwerkaltstadt ist der bedeutendste Marktort im Kinzigtal und bildet den westlichen Endpunkt der Deutschen Fachwerkstraße. Nach der Zerstörung durch französische Truppen im Jahr 1704 wurde die Stadt auf dem mittelalterlichen Grundriss als Fachwerkstadt neu erbaut. Wahrzeichen der Altstadt sind die beiden Türme der ursprünglich gotischen Kirche St. Arbogast.
Die erste Blütezeit erlebte Haslach im Mittelalter als Zentrum und Marktort eines ausgedehnten Silbererzreviers; die ehemalige Silbergrube »Segen Gottes« in Haslach-Schnellingen ist als Besucherbergwerk zugänglich und zählt zu den bedeutendsten historischen Bergwerken des Schwarzwalds.
Das Haslacher Kapuzinerkloster, während des Dreißigjährigen Kriegs unter Graf Friedrich Rudolf von Fürstenberg 1630–32 erbaut, ist das einzige weitgehend in ursprünglicher Form erhaltene Kapuzinerkloster in Süddeutschland: Kreuzgang, Klosterkirche und Mönchschor, Refektorium, Krankenzimmer und eine exemplarische Kapuzinerzelle veranschaulichen die Bau- und Funktionsgeschichte des 1823 aufgehobenen Klosters, in dem heute das Schwarzwälder Trachtenmuseum untergebracht ist. Unter der Klosterkirche befindet sich die Fürstenbergsche Grablege. Die nördlich der Kapuziner-Klosterkirche errichtete Loretokapelle (1660) enthält eine Schwarze Madonna.

Horb am Neckar
Horb am Neckar im Oberen Gäu auf den östlichen Ausläufern des Schwarzwalds hat eines der reizvollsten Altstadtbilder im südwestdeutschen Raum. Vom Neckartal staffeln sich die Häuser der spätmittelalterlichen Altstadt auf einem schmalen Bergrücken hinauf zur alles überragenden barocken Stiftskirche, in der die gotische Kalksteinstatue der »Horber Madonna« eines der bedeutendsten Werke der Bildhauerei im oberen Neckartal darstellt.

Von der ehemaligen Stadtbefestigung sind die sieben Meter hohe Stadtmauer auf einer Länge von 4 km und mehrere Türme und Tore erhalten, darunter der früher als Hexenturm missbrauchte Luziferturm (Ihlinger Tor), das Wassertor mit dem Viertel »Klein Venedig« am Mühlkanal und der als Wanderheim dienende Schurkenturm. Der Schütteturm auf der Schütte, dem Horber Hausberg, erhebt sich neben der als Wallfahrtsstätte aufgesuchten Ottilienkapelle und bietet eine phänomenale Aussicht bis zur Hohenzollernburg am Rand der Schwäbischen Alb.
Info: Stadtinformation Horb, Marktplatz 12, 72160 Horb am Neckar, www.horb.de

Karlsruhe
Die Universitätsstadt Karlsruhe ist eines der bedeutendsten Beispiele für eine ab der Zeit des Absolutismus gewachsene »Reißbrettstadt« in Deutschland. Markgraf Karl Wilhelm von Baden-Durlach ließ 1715 mitten im Hardtwald »Karls Ruhe« als neues Residenzschloss errichten und gewann durch Subventionen und Steuervergünstigungen rasch Siedler für die Bürger- und Beamtenstadt südlich des Schlosses.
In Anlehnung an das Versailler Radialsystem strahlen vom achteckigen Schlossturm in der Art der Jagdstern-Topografie 32 Alleen aus, zwei Ringstraßen (»Zirkel«) verbinden die Alleen, in der Bürgerstadt kreuzen zwei Tangentialen (Kaiser- und Kriegsstraße) rechtwinklig die Nord-Süd-Achse (Karl-Friedrich-Straße). Als Markgraf Karl Friedrich von Baden-Durlach 1771 den kinderlosen Markgrafen August Georg von Baden-Baden beerbte, wurde Karlsruhe die Residenz der nun wieder vereinigten Markgrafschaft Baden. Der aufgeklärte Monarch schaffte nicht nur die Folter und die Leibeigenschaft ab, er machte Karlsruhe zusammen mit seiner Frau Karoline Luise zu einem »Musenhof«, an dem Dichter und Denker wie Voltaire und Goethe zu Gast waren und der Grundstein für die Sammlungen der Staatlichen Kunsthalle, einem der bedeutendsten Museen der Bundesrepublik, gelegt wurde. Nach der Erhebung Badens zum Großherzogtum 1806 entstanden unter der Leitung Friedrich Weinbrenners längs der Nord-Süd-Achse zahlreiche Neubauten, die dieses Gebiet zu dem schönsten Beispiel geschlossener klassizistischer Stadtplanung machen.

Info: Touristinformation Karlsruhe, Bahnhofplatz 6, 76137 Karlsruhe, www.karlsruhe.de

Lautenbach im Renchtal

Die 1483/88 geweihte Wallfahrtskirche Mariä Krönung in Lautenbach im Renchtal ist in Architektur und Ausstattung das bedeutendste Denkmal der Gotik in der Ortenau. Die gotischen Glasmalereien entstanden zur Bauzeit in der Straßburger Werkstatt Peter Hemmels von Andlau. Die Bilder des Hochaltars, eines dreiteiligen Wandelaltars, schuf ein an Grünewald und Dürer geschulter Meister. Die Lautenbacher Marienwallfahrt ist belegt seit 1303, als das Prämonstratenserkloster Allerheiligen die Betreuung der zahlreichen Wallfahrer übernahm.
Info: Städtisches Verkehrsamt Oberkirch, Eisenbahnstraße 1, 777014 Oberkirch, www.lautenbach-renchtal.de

Maulbronn (UNESCO-Weltkulturerbe)

Die ehemalige Zisterzienserabtei Maulbronn im Salzachtal am Westrand des Strombergs ist die am besten erhaltene mittelalterliche Klosteranlage Deutschlands. 1993 wurde das von der Romanik bis zur Spätgotik über Jahrhunderte hinweg gewachsene Gebäudeensemble als Weltkulturerbe unter den Schutz der UNESCO gestellt.

Die Gaststätte im Kloster Maulbronn

Die riesige Anlage stellt sich freilichtmuseumsartig dar wie eine »Klosterstadt« mit Ringmauer, Türmen, Mühle, Klosterspital, Gesindehaus, Schmiede, Scheune und weiteren Nebengebäuden. Gegründet wurde die Abtei 1147 als Tochterkloster des elsässischen Zisterzienserklosters Neuenburg.

Als Herzog Ulrich von Württemberg am 4. Juni 1504 nach siebentägiger Belagerung das bis dahin reichsfreie Kloster Maulbronn eroberte und dem Herzogtum Württemberg eingliederte, endete die Zeit der zisterziensischen Wohlfahrt. Der württembergische Herzog führte 1534 die Reformation ein und plünderte die Klosterschätze, um Schulden bezahlen zu können. Herzog Cristoph von Württemberg, der Sohn Ulrichs, richtete 1556 in Maulbronn eine Schule ein, die den Pfarrernachwuchs für die noch junge lutherische Kirche seines Landes ausbilden sollte.

Die Schule, seit 1806 Evangelisches Seminar, ist bis heute in den Klostergebäuden untergebracht. Zu ihren berühmtesten Schülern zählen Johannes Kepler (1586–89), Friedrich Hölderlin (1786–88) und Hermann Hesse (1891/92).

Info: Stadtverwaltung Maulbronn, Klosterhof 31, 75433 Maulbronn, www.maulbronn.de

links: Die romanische Klosterkirche in Klosterreichenbach

rechts: Die Toreinfahrt von Schloss Neuenbürg

Pforzheim

Die Gold-, Hightech- und Designstadt Pforzheim, das nördliche Tor zum Schwarzwald, liegt am Zusammenfluss von Enz, Nagold und Würm am Nordrand des Schwarzwalds und ist Ausgangs-

punkt der drei wichtigsten Schwarzwald-Höhenwanderwege: Am Kupferhammer beginnen der nach Basel führende Westweg (bis zum Feldberg zugleich Europäischer Fernwanderweg 1), der nach Waldshut führende Mittelweg und der nach Schaffhausen führende Ostweg.

Die aus der namengebenden Römersiedlung Portus (»Furt«) an einer Enzfurt hervorgegangene Stadt war 1535–65 eine Residenz der badischen Markgrafen, deren Grablege sich in der Schlosskirche St. Michael befindet. 1767 begann der Aufstieg Pforzheims zu einer führenden deutschen Schmuck- und Uhrenstadt. Das Schmuckmuseum befindet sich im von Manfred Lehmbruck errichteten Reuchlinhaus (1962).

Info: Tourist-Information Pforzheim, Marktplatz 1, 75175 Pforzheim, www.pforzheim.de

Rastatt

Das barocke Rastatt an der Murg war 1705–71 Residenz der Markgrafen von Baden-Baden und ist heute Kreisstadt eines Gebiets, das sich vom Oberrhein murgaufwärts nach Gaggenau und Gernsbach und bis auf die Höhen des nördlichen Schwarzwalds bei Forbach erstreckt. Markgraf Ludwig Wilhelm I. von Baden-Baden, der »Türkenlouis«, übersiedelte im Herbst 1705 aus dem von den Franzosen zerstörten Baden-Baden in das planmäßig als neue Residenzstadt mit Schloss, Park und Bürgerzentrum angelegte Rastatt.

Die nach dem Vorbild von Versailles vom Wiener Hofarchitekten Domenico Egidio Rossi 1697–1707 errichtete barocke Dreiflügelanlage des markgräflichen Schlosses enthält u. a. das Museum »Erinnerungsstätte für die Freiheitsbewegungen der Deutschen Geschichte« und das Wehrgeschichtliche Museum. Im Nordosten schließt der Schlosspark an, westwärts laufen zur Murg hin Rathaus-, Schloss- und Museumsstraße auf die Bürgerstadt zu, im Südosten befinden sich in einem Terrassenpark an der Murg die Einsiedeln-Kapelle (1715) und die Pagodenburg (1722). Das barocke Prunkschloss Favorite im Stadtteil Niederbühl-Förch errichtete Michael Ludwig Rohrer 1710–12 für Markgräfin Sibylla Augusta, die Witwe des »Türkenlouis«, der umgebende Park wurde 1787 in einen Englischen Garten umgestaltet. Das Schloss enthält wertvolle Sammlungen von chinesischem und europäischem

Porzellan, von Ton- und Steingutgeschirr sowie eine bedeutende Kollektion böhmischer Gläser und Straßburger Fayencen.
Info: Touristinformation Rastatt, Herrenstraße 18 (Schloss), 76437 Rastatt, www.rastatt.de

Rottweil

Die ehemalige Reichsstadt Rottweil im oberen Neckartal zwischen Schwarzwald und Schwäbischer Alb ist die älteste Stadt Baden-Württembergs und hat sich einen der sehenswertesten Altstadtkerne bewahrt. Wie bei Freiburg im Breisgau und Villingen stand bei der Anlage der Stadt das »Zähringer Kreuz« Pate, dieses Straßenkreuz scheidet die spätmittelalterliche Altstadt in vier Teile (»Orte«). Die historische Altstadt mit ihren erkergeschmückten Bürgerhäusern, den geschmiedeten Stechschildern und den zahlreichen Kirchen bildet den malerischen Rahmen für die Rottweiler Fasnet, die zu den ältesten und traditionsreichsten der schwäbisch-alemannischen Richtung zählt. Sie beginnt am 6. Januar, der Schmotzige Donnerstag markiert den Auftakt der Hauptfastnetstage.
Info: Tourist-Information Rottweil, Hauptstraße 21-23, 78628 Rottweil, www.rottweil.de

Rust

Der Europa-Park Rust ist mit über 3,5 Mio. Besuchern jährlich der größte Freizeitpark Deutschlands und der zweitgrößte Europas nach dem Disneyland Paris. Der 1975 von Roland Mack eröffnete Park bietet über 100 Attraktionen und Live-Shows mit 150 Artisten in elf Themenbereichen, die Achterbahn »Silverstar« ist die größte Europas.
Info: Verkehrsamt Rust, Fischerstraße 51, 77977 Rust, www.rust.de

Wolfach

Die alte Flößer-, Glashütten- und Bergbaustadt Wolfach an der Mündung der Wolf in die Kinzig war jahrhundertelang die Schaltzentrale der fürstenbergschen Bergbaureviere. Das Fürstenberger Barockschloss (1671–81) ist eines der größten Schlösser im Schwarzwald. Weit über die Region hinaus bekannt ist die Dorotheenhütte Wolfach, eine Glashütte, in der die Hand-

Die Hauptstraße des hübschen Städtchens Wolfach

werkskunst des Glasblasens mit dem Mund und des Glasschleifens von Hand noch heute ausgeübt wird. Eine der früher bedeutendsten Silbergruben des mittleren Schwarzwalds, die Grube Wenzel in Oberwolfach, ist als Besucherbergwerk zugänglich und bietet einen einmaligen Einblick in den historischen Bergbau. Ebenfalls im Stadtteil Oberwolfach befindet sich das Bergbau- und Mineralienmuseum.
Info: Tourist-Info Wolfach/Oberwolfach, Hauptstraße 41, 77709 Wolfach, www.wolfach.de

Zell am Harmersbach
Die bis 1803 kleinste Freie Reichsstadt Zell am Harmersbach hat einen hervorragend erhaltenen Altstadtkern: Malerische Gassen und Winkel, Reste der ehemaligen Stadtbefestigung wie Hirschturm und Storchenturm sowie das harmonische Miteinander von Fachwerkhäusern und Jugendstilbauten längs der Hauptstraße laden zur Erkundung ein. Maria zu den Ketten in Unterharmersbach auf (!) der ehemaligen Stadtgrenze von Zell ist die größte Wallfahrtskirche Badens. Im spätgotischen Chor (1480) hängen die namengebenden Ketten, im barocken Hochaltar befindet sich das geschnitzte Gnadenbild (um 1330) der thronenden Muttergottes.
Info: Kultur- und Verkehrsamt Zell, Alte Kanzlei, 77736 Zell am Harmersbach, www.zell.de

Burgen und Schlösser im Naturpark Schwarzwald Mitte/Nord

▶ **Alteberstein (Baden-Baden):** Hochmittelalterliche Anlage, bis ins 13.Jh. Sitz der Grafen von Eberstein, der Bergfried dient als Aussichtsturm; siehe Wanderung 11.

▶ **Altensteig:** Das im Kern romanische Alte Schloss beherbergt das Stadtmuseum; im Neuen Schloss ist das Forstamt untergebracht; siehe Wanderung 7.

▶ **Dautenstein (Seelbach):** 1812 auf den Fundamenten einer stauferzeitlichen Tiefburg errichtetes Schloss mit Ecktürmen, privat.

▶ **Eberstein (Gernsbach):** Neugotische Schlossanlage (privat) beim »Grafensprung« (frei zugänglich) hoch über dem Murgtal, vom 13. Jh. bis 1660 Stammsitz der Grafen von Eberstein.

▶ **Ettlingen:** Vierflügelanlage, die nach der Zerstörung durch die Franzosen (1689) ihre heutige Gestalt 1728–33 unter der badischen Markgräfin Sibylla Augusta erhielt. Bedeutendste Baueinheit ist die Schlosskapelle (1732/33), die als Konzertsaal fungiert, u. a. im Rahmen der alljährlich im Sommer veranstalteten Ettlinger Schlossfestspiele. Darüber hinaus beherbergt das Schloss das Karl-Hofer-Museum, das Karl-Albicker-Museum und das Albgau-Museum.

▶ **Favorite (Rastatt):** Barockschloss (1710–1712) mit wertvollen Porzellansammlungen; englischer Park.

▶ **Gaisbach (Oberkirch):** Stammschloss der Familie von Schauenburg, 1870 im Stil der Neugotik umgebaut; gelegen unterhalb der Burgruine Schauenburg.

▶ **Hirsau (Calw):** Ruine des 1586–92 errichteten Jagdschlosses der württembergischen Herzöge; in der Ruine stand bis 1989 die von Ludwig Uhland besungene »Ulme zu Hirsau«; siehe Wanderung 5.

▶ **Hohenbaden (Baden-Baden):** Malerische Ruine am Battert, Stammburg der Markgrafen bzw. Großherzöge von Baden. Der Bergfried ist ein exzellenter Aussichtspunkt, siehe Wanderung 11.

▶ **Hohengeroldseck** (Seelbach): Eine der imposantesten Burganlagen (Ruine) der Ortenau mit weitem Blick auf Kinzig- und Schuttertal; siehe Wanderung 29.

▶ **Hohennagold (Nagold):** Ruine auf dem aussichtsreichen Schlossberg hoch über der Nagolder Altstadt, Stammburg der Pfalzgrafen von Tübingen; der Bergfried fungiert als Aussichtsturm; von April bis einschließlich Oktober ist er an jedem zweiten und vierten Sonntag im Monat von 14–17Uhr geöffnet; dann weht auf dem 25 Meter hohen Aussichtsturm die Fahne des Schwarzwaldvereins. Siehe Wanderung 7.

▶ **Hohenschramberg** (Schramberg): Die Ruine der mächtigsten der Schramberger Burgen thront hoch über dem Schiltachtal.

▶ **Hornberg:** Ruine der um 1200 errichteten Burg der Herren von Hornberg auf dem Schlossberg hoch über dem Gutachtal mit exzellenter Aussicht; 17m hoher Bergfried. Das Neue Schloss (19.Jh.) ist ein Hotel.

▶ **Husen (Hausach):** Aussichtsreiche Ruine oberhalb von Hausach im Kinzigtal; siehe Wanderung 27.

▶ **Karlsruhe:** Ehemaliges markgräfliches Barock-/Rokokoschloss (1715/52–75), heute Badisches Landesmuseum; vgl. Seite 30.

▶ **Liebeneck (Pforzheim):** Stattliche Ruine auf einem Bergsporn über dem Würmtal bei Pforzheim, beliebtes Wanderziel, am Ostweg.

▶ **Liebenzell:** Die Ruine der Burg Liebenzell thront auf 467m über dem Nagoldtal und ist mit ihrer mächtigen Schildmauer und dem quadratischen Bergfried, der als Aussichtsturm dient, ein Wahrzeichen der Stadt. Ab den 1950er Jahren entstanden an der Ruine die Gebäude des heutigen »Internationalen Forums Burg Liebenzell«, einer Tagungsstätte für politische Jugend- und Erwachsenenbildung; siehe Wanderung 4.

▶ **Lützelhardt** (Seelbach): Burg Lützelhardt wurde um 1220/30 auf einem sagenumwobenen, seit vorgeschichtlicher Zeit aufgesuchten Felsmassiv hoch über der Einmündung des Steinbächletals in das Schuttertal errichtet und bereits um 1260 von den Herren von Geroldseck zerstört.

▶ **Mahlberg:** Das von den Markgrafen von Baden erbaute Barockschloss (1630, privat) des Ortenaustädtchens Mahlberg auf einem weithin sichtbaren Basaltkegel in der Rheinebene bildet mit der alten Zähringer bzw. Stauferburg (1218) und der Stadt eine bauliche Einheit. Die Kirche war die ehemalige Schlosskapelle.

▶ **Neuenbürg:** Renaissanceschloss auf dem von einer Enzschleife umflossenen Schlossberg, seit 2001 »Erlebnis-Schloss« mit Museum und Theater »Das kalte Herz«; siehe Wanderung 2.

▶ **Ortenberg:** Das 1838–43 an der Stelle einer mittelalterlichen staufischen Reichsburg errichtete Schloss zählt zu den bedeutendsten Schöpfungen der Romantik im mittleren Schwarzwald. Seit 1942 fungiert die auf einem Bergsporn hoch über dem Kinzigtal thronende Anlage als Jugendherberge, alljährlich am zweiten Augustwochenende findet im Schlosshof das Schlossfest statt.

▶ **Rastatter Residenzschloss:** Eines der größten Barockschlösser in Südwestdeutschland (1697–1707), teilweise Museum; siehe Seite 33.

▶ **Schenkenburg:** Die Ruine der Schenkenburg, um 1244 genannt als Sitz der Schenken von Zell, ist das Wahrzeichen von Schenkenzell mit prachtvollem Blick auf das obere Kinzigtal.

▶ **Schilteck (Schramberg):** Burg Schilteck (Ruine) ist die nördlichste der drei Schramberger Burgen. Die 1225 erstmals urkundlich genannte Burg fiel 1496 unter Ludwig von Rechberg an die Herrschaft Schramberg.

▶ **Schramberger Schloss:** Das klassizistische ehemalige Schloss (1840–43) der Grafen von Bissingen beherbergt das Schramberger Stadtmuseum.

▶ **Schauenburg (Oberkirch):** Eine der mächtigsten Burgruinen des mittleren und nördlichen Schwarzwalds mit Blick auf Straßburg und die Vogesen; siehe Wanderung 19.

▶ **Wolfach:** Fürstenberger Barockschloss mit Kinzigtal-Flößermuseum in der ehemaligen Schlossküche und spätgotischem Marienwallfahrtsbild in der Schlosskapelle.

▶ **Zavelstein:** Die im Ursprung romanische Anlage wurde während der Renaissance zum Schloss ausgebaut, im Pfälzischen Erbfolgekrieg von französischen Truppen zerstört. Der 28 m hohe Bergfried zwischen Vor- und Hauptburg ist als Aussichtsturm begehbar und bietet ein Panorama bis hin zur Schwäbischen Alb, siehe Wanderung 6.

Sowohl vom Jagdschloss der württembergischen Herzöge als auch vom einstigen Kloster Hirsau sind nur Ruinen erhalten.

1 Von Waldbronn nach Marxzell

Hoch über dem Albtal: Busenbach – Kurpark Waldbronn – Barbarakapelle – Tornadostein – Marxzell

Vom Heilquellen-Kurort Waldbronn an der Schwarzwald-Bäderstraße folgen wir Wald- und aussichtsreichen Wiesenwegen durch die nördlichen Schwarzwaldberge zur eindrucksvollen Ruine der Barbarakapelle und nach Marxzell im Albtal.

mittel

19 km

5 Std.

ja

▶ **Tourencharakter:** Bequeme Waldwanderung mit hervorragenden Aussichtsstellen. Nur wegen der Länge ist diese Wanderung als »mittelschwer« eingestuft, von den bequemen Wegen und vom Gelände her ist sie leicht.
▶ **Beste Jahreszeit:** Frühjahr bis Herbst.
▶ **Ausgangspunkt:** S-Bahn-Haltestelle Busenbach an der S 1 Karlsruhe – Ettlingen – Marxzell – Bad Herrenalb; alternativ S-Bahnhaltestelle Kurpark Waldbronn an der S 11 Karlsruhe – Busenbach – Waldbronn – Karlsbad.
▶ **Endpunkt:** S-Bahnhaltestelle Marxzell an der S 1 Karlsruhe – Ettlingen – Marxzell – Bad Herrenalb
▶ **Wanderkarte:** Schwarzwaldvereins-Wanderkarte 1:50 000 Blatt 1 Karlsruhe/Pforzheim (Landesvermessungsamt Baden-Württemberg).
▶ **Markierung:** Blaue Raute (Nordrandweg) und namentliche Ausschilderungen; ab oberhalb Ittersbach gelber Punkt (Hans-Haarmann-Weg) und namentliche Ausschilderungen.
▶ **Verkehrsanbindung:** A 8 Karlsruhe – Stuttgart Ausfahrt Karlsbad und weiter nach Waldbronn. S-Bahn S 11 Karlsruhe Hauptbahnhof – Busenbach – Waldbronn – Karlsbad bzw. S 1 Karlsruhe Hauptbahnhof – Ettlingen – Busenbach – Marxzell – Bad Herrenalb.
▶ **Einkehr:** Waldbronn, Ittersbach, Marxzell.
▶ **Tourist-Info:** Kurverwaltung Waldbronn, Bergstraße 32, 76337 Waldbronn, www.waldbronn.de; Gemeinde Karlsbad, Hirtenstraße 14, 76307 Karlsbad, www.karlsbad.de; Gemeinde Marxzell, Karlsruher Straße 2, 76359 Marxzell, www.marxzell.de

Der Wegverlauf

Vom S-Bahnhof **Busenbach** im Albtal gehen wir kurz die Bahnhofstraße aufwärts und treffen oben auf den Schwarzwald-Nordrandweg, der mit dem Zeichen blaue Raute markiert ist. Der Nordrandweg zweigt rechts auf einen Waldweg ab und strebt

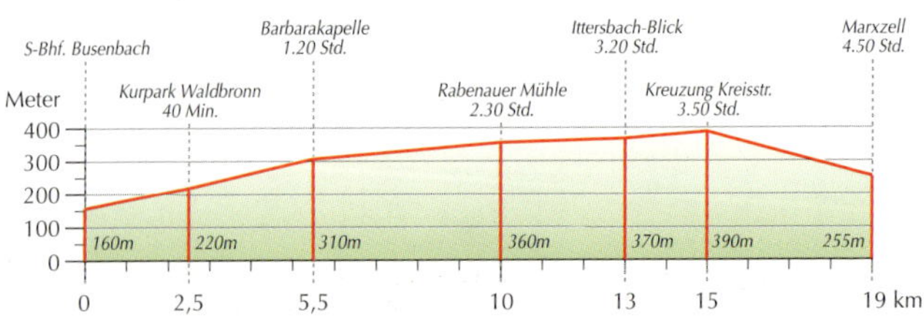

dem idyllisch in einer waldumrahmten Wiesenmulde gelegenen Kurpark von **Waldbronn** zu. Von der Terrasse des Kurhauses, von der sich das weitläufige Gelände des Parks gut überblicken lässt, gehen wir zum Konzertpavillon hinab und folgen den Promenaden an der Minigolfanlage vorbei zum Kursee, an dem Sitzbänke zur Rast laden. Hinter dem Kursee führt die blaue Raute hinauf zur S-Bahn-Bedarfshaltestelle Kurpark Waldbronn und auf einem breiten Schotterweg zur Etzenroter Straße: Ihr folgen wir wenige Meter links, bis die blaue Raute an einem Parkplatz rechts in den Wald abzweigt und einem Forstweg an der **Kuckuckseiche** vorbei in sachtem Anstieg zu einer Wegespinne folgt. Hier geht es halblinks weiter, dann aussichtsreich am Waldrand entlang und am Bethanienheim oberhalb von **Langensteinbach** vorbei zur imposanten Ruine der **Barbarakapelle**. Von hier führt die blaue Raute auf dem Kirchenwegle durch den Wald Richtung Ittersbach, wechselt kurz auf einen Teerweg, verlässt ihn wenig später links und bietet bald nach Überqueren einer Straße am Waldrand einen hervorragenden Ausblick auf die Nordschwarzwaldberge. Bald nach Überqueren der S-Bahngleise taucht der Weg wieder in

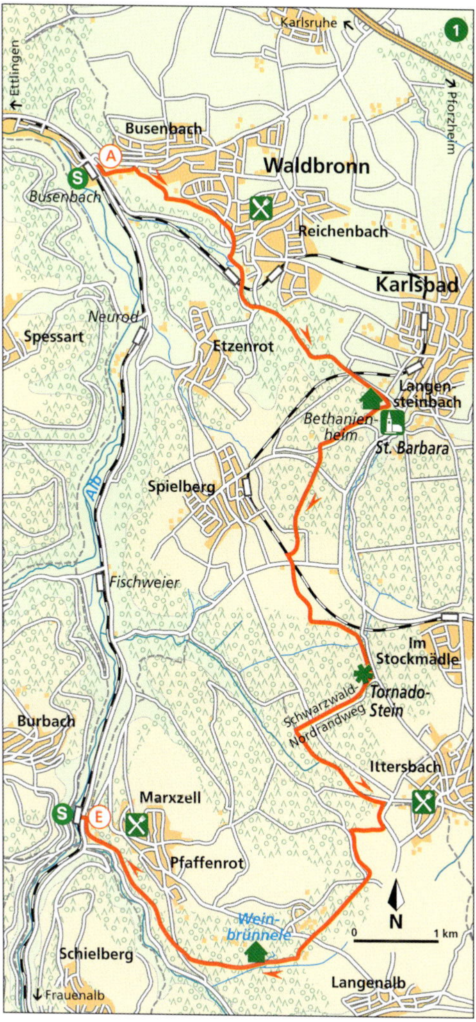

1

Die Barbarakapelle

Mönche des Zisterzienserklosters Herrenalb errichteten 1330 auf einer Anhöhe oberhalb von Langensteinbach die spätgotische Wallfahrtskapelle, in der ein Bild der heiligen Barbara als wundertätig verehrt wurde. Nach der Reformation verfiel die Kirche, während des Pfälzischen Erbfolgekriegs wurde sie von französischen Soldaten zerstört. Die stattlichen Reste der Kirche, um die sich viele Legenden ranken, zählen zu den schönsten Ausflugszielen am Schwarzwald-Nordrand, der Chorflankenturm wurde 1966 als Aussichtsturm begehbar gemacht. An der Außenseite des Turms befindet sich der Eingang zur tonnengewölbten Krypta: Dieser Gang, der unter dem Chor hindurchführt, war Teil des einstigen Prozessionswegs. Im Sommer finden an der Barbarakapelle Freilichtgottesdienste und Konzerte statt.

den Wald ein, am **Tornadostein** (1968) geht es rechts weiter und später links, bis wir an den Sportplätzen oberhalb von Ittersbach mit erstklassiger Aussicht wieder aus dem Wald treten. Während der Nordrandweg nach **Ittersbach** hinabführt, folgen wir nun der Markierung Gelbpunkt rechts, bald wieder im Wald. An der Schutzhütte am **Weinbrünnele** vorbei führt der Weg hinab nach **Marxzell** im Albtal.

Ruinen von Frauenalb

Die großartige Ruinenkulisse des ehemaligen Benediktinerinnenklosters Frauenalb wenige Kilometer oberhalb von Marxzell bildet seit 1987 den Rahmen für klassische Konzerte in einem der kunstgeschichtlich bedeutendsten Orte des Albtals. Die heutigen Ruinen stammen aus der Zeit nach der Wiedergründung des Klosters 1631: Der Vorarlberger Architekt Franz Beer errichtete ab 1696 die Konventsgebäude, sein Landsmann Peter Thumb die 1733 geweihte Klosterkirche. Nach der Säkularisation (1802) versteigerte die Gräfin von Hachberg das Kloster an private Investoren, die in den prachtvollen Spätbarock- und Rokokogebäuden Fabriken einrichteten, bald standen nur noch Ruinen. Um ein weiteres Verkommen der Anlage zu verhindern und die Ruinen zu sichern, wurde 1960 die »Stiftung Frauenalb« gegründet. Die erste Klostergründung am selben Ort fand bereits 1180/85 durch Graf Eberhard III. von Eberstein und seine Mutter Uta statt.

Von Neuenbürg zum aussichtsreichen Dobel

2

Von der Schlossstadt an der Enz in das romantische Eyachtal: Neuenbürg – Schwanner Warte – Dobel – Eyachmühle – Eyachbrücke

Von der Schlossstadt Neuenbürg im Enztal wandern wir hinauf zum Aussichtspunkt Schwanner Warte und folgen dem Westweg in das aussichtsreiche Höhendorf Dobel. Von dort geht es durch das naturschöne Mannenbach- und das Eyachtal zurück ins Enztal. Wer den steilen Aufstieg aus dem Enztal scheut, kann mit dem Bus zur Schwanner Warte, zum Dreimarkstein oder ganz bis nach Dobel fahren; es besteht direkte Busverbindung ab dem Neuenbürger Hauptbahnhof.

▶ **Tourencharakter:** Bequeme Wald- und Aussichtswanderung mit Ausnahme des kurzen steilen Aufstiegs durch den Talhang der Enz.
▶ **Beste Jahreszeit:** Frühjahr bis Herbst; nicht bei Schneelage.
▶ **Ausgangspunkt:** S-Bahn-Haltestelle Neuenbürg Südbahnhof (startet man am Hauptbahnhof, dann geht man über den Schlossberg).
▶ **Endpunkt:** S-Bahn-Haltestelle Eyachbrücke (S 6 Pforzheim – Bad Wildbad, Direktverbindung zurück nach Neuenbürg).
▶ **Wanderkarte:** Schwarzwaldvereins-Wanderkarte 1:50000 Blatt 1 Karlsruhe/Pforzheim (Landesvermessungsamt Baden-Württemberg) oder Atlasco-Wanderkarte 1:30000 Blatt 231 Schwarzwald Bad Herrenalb Bad Wildbad.
▶ **Markierung:** Blaue Raute (Zugangsweg), rote Raute (Westweg) und namentliche Ausschilderungen.
▶ **Verkehrsanbindung:** Anfahrt auf der A 8 Karlsruhe – Pforzheim Ausfahrt Pforzheim West und auf der B 10 nach Pforzheim, dort der Beschilderung Richtung Bad Wildbad folgen (B 463). Neuenbürg ist ab Pforzheim mit der S-Bahn (S 6 Pforzheim – Bad Wildbad) und dem Bus gut erreichbar.
▶ **Einkehr:** Schwanner Warte, Dobel, Eyachmühle, Eyachbrücke.
▶ **Tourist-Info:** Rathaus Neuenbürg, Rathausstraße 2, 75305 Neuenbürg, www.neuenbuerg.de; Kurverwaltung Dobel, Neue Herrenalber Straße 11, 75335 Dobel, www.touristinfo-dobel.de

mittel
22,5 km
5¾ Std.

Der Wegverlauf

Am Südbahnhof in **Neuenbürg** wechseln wir auf der Brücke ans linke Ufer der Enz: Hier verläuft im Flusstal der auch als Wanderweg genutzte Radwanderweg Pforzheim – Bad Wildbad, wir schließen uns jedoch der Markierung blaue Raute an, die steil den bewaldeten Hang hinaufführt. Schon bald flacht das Gelände ab, und auf dem bequemen Ölschlagerweg wandern wir in sachtem Anstieg an der **Arnbacher Schutzhütte** vorbei zur **Schwanner Warte**. An diesem hervorragenden Aussichtspunkt

2

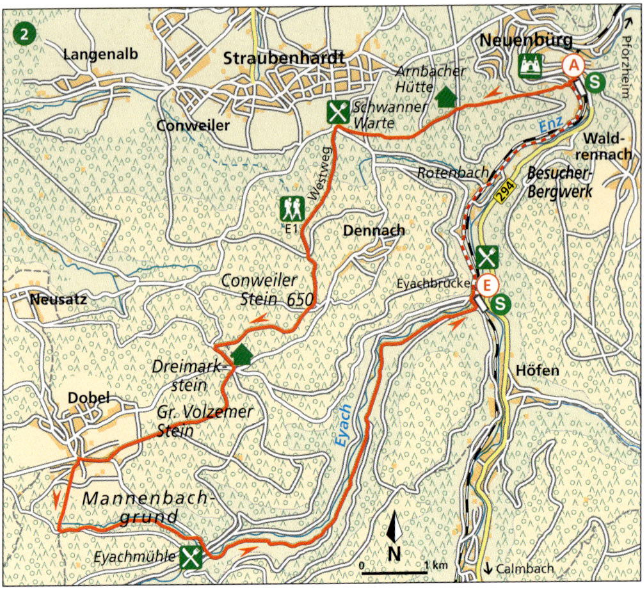

mündet unser Weg auf den Westweg (Markierung rote Raute), dem wir links durch den Wald Richtung Dobel folgen, vorbei am **Conweiler Stein**. Am **Dreimarkstein** (Schutzhütte, Parkplatz) quert der Westweg die Landstraße und passiert bald darauf die **Volzemer Steine** mit einem kleinen Felsenmeer. Wenig später erreicht er den Luftkurort **Dobel** in Topaussichtslage auf einer Rodungsinsel im Wald. Wer mit dem Bus zurückfahren will, geht hier durch die Wildbader Straße rechts hinab ins Ortszentrum,

Erlebnis-Schloss Neuenbürg

Das Neuenbürger Renaissanceschloss auf dem von einer Enzschleife umflossenen Schlossberg ist seit 2001 als »Erlebnis-Schloss« öffentlich zugänglich und zählt zu den meistbesuchten Ausflugszielen im oberen Enztal. Hauptattraktion ist das Theater »Das kalte Herz«, das nach der gleichnamigen Schwarzwald-Erzählung von Wilhelm Hauff kunstvoll inszenierte Einblicke in die Kulturgeschichte der Region gewährt. Nach dem Ausstellungsrundgang kann man im Schlosshof bei Kaffee und Kuchen die stimmungsvolle Atmosphäre des Schlosshofs genießen und die Umgebung auf lohnenswerten Spaziergängen erkunden. Ein über 200 Jahre alter Buchenwald bedeckt weite Teile des Schlossbergs, an der romantischen Schlosssteige steht die im Kern frühgotische Georgskirche (1557) mit ihren gotischen Wandmalereien.

Der im Mittelalter angelegte Friedhof an der Georgskirche zählt zu den schönsten Stellen hoch über der Stadt; der älteste Grabstein datiert von 1412. Die Burgruine auf dem Schlossberg stammt von einer Anlage aus dem 12. Jh.

2

Froschlaichteich im Eyachtal.

ansonsten folgen wir dem Carl-Postweiler-Weg (blaue Raute) links hinab in den naturschönen **Mannenbachgrund**. An der Wegekreuzung kurz nach Überqueren des Bachs wechseln wir links auf den ebenfalls mit der blauen Raute bezeichneten Unteren Mannenbachweg, der dem romantischen Bachtal abwärts zur **Eyachmühle** folgt. Dort überqueren wir die Eyach und folgen dem schönen Wanderweg auf dem rechten Ufer der Eyach bis zur Gaststätte **Eyachbrücke** an der Mündung der Eyach in die Enz. Hier befinden sich S-Bahn- und Bushaltestelle. Wer zu Fuß nach Neuenbürg zurückkehren will, folgt dem Radweg auf dem linken Ufer der Enz.

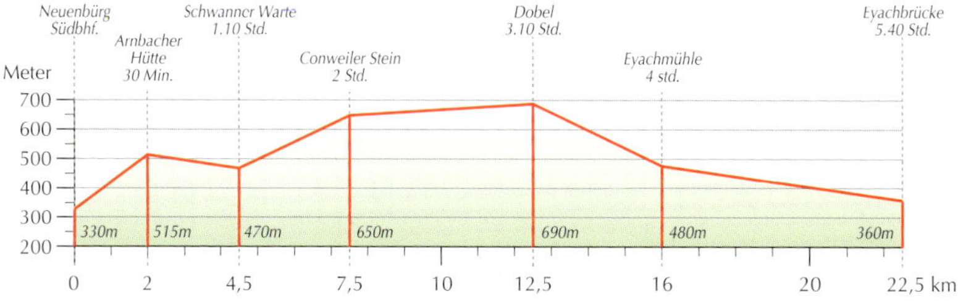

3 Von Höfen nach Bad Wildbad

Aussichtsreich über den Eiberg: Höfen – Kreuzsteinhütte – Spitzhütte – Wendenstein – Rennbachtal – Bad Wildbad

Von Höfen im Enztal führt diese Waldwanderung mit einigen hervorragenden Ausblicken über den Eiberg zum Wendenstein und durch das romantische Rennbachtal in den Thermalkurort Bad Wildbad. Von dort fährt die S-Bahn im Stunden- bzw. Halbstundentakt zurück.

mittel

15 km

4 Std.

▶ **Tourencharakter:** Überwiegend bequeme Wald- und Aussichtswanderung.
▶ **Beste Jahreszeit:** Frühjahr bis Herbst.
▶ **Ausgangspunkt:** S-Bahn-Haltestelle Höfen.
▶ **Endpunkt:** S-Bahn-Haltestelle Bahnhof (oder Kurpark) in Bad Wildbad.
▶ **Wanderkarte:** Schwarzwaldvereins-Wanderkarte 1:50000 Blatt 1 Karlsruhe/Pforzheim (Landesvermessungsamt Baden-Württemberg) oder Atlasco-Wanderkarte 1:30000 Blatt 231 Schwarzwald Bad Herrenalb Bad Wildbad.
▶ **Markierung:** Blaue Raute und namentliche Ausschilderungen.
▶ **Verkehrsanbindung:** Anfahrt auf der A 8 Karlsruhe – Stuttgart Ausfahrt Pforzheim West und auf der B 10 nach Pforzheim, dort der Beschilderung Richtung Bad Wildbad folgen (B 463). S-Bahn S 6 Pforzheim – Höfen – Bad Wildbad im Stunden- bzw. Halbstundentakt.
▶ **Einkehr:** Keine unterwegs.
▶ **Tourist-Info:** Touristik Höfen an der Enz, Wildbader Straße 1, 75339 Höfen a.d. Enz, www.hoefen-enz.de; Reise- und Verkehrsbüro Bad Wildbad, König-Karl-Straße 7, 75314 Bad Wildbad, www.bad-wildbad-tourismus.de

Der Wegverlauf

Bergseitig des S-Bahnhofs **Höfen** leitet die Markierung blaue Raute auf dem Langenackerweg aufwärts mit der Richtungsangabe »Wildbad – Sommerberg«. Wenig später geht es rechts ab in den bewaldeten Enztalhang und für kurze Zeit steil aufwärts, ehe an einer Wegespinne auf dem **Unteren Eiberg** die **Sitzbankhütte** zum Verschnaufen einlädt. Während die blaue Raute hier rechts weiterführt, folgen wir einem großartigen Aussichts- und Höhenweg (Markierung 8) links im Hangschulterbereich am Fernsehumsetzer vorbei zur **Kreuz-**

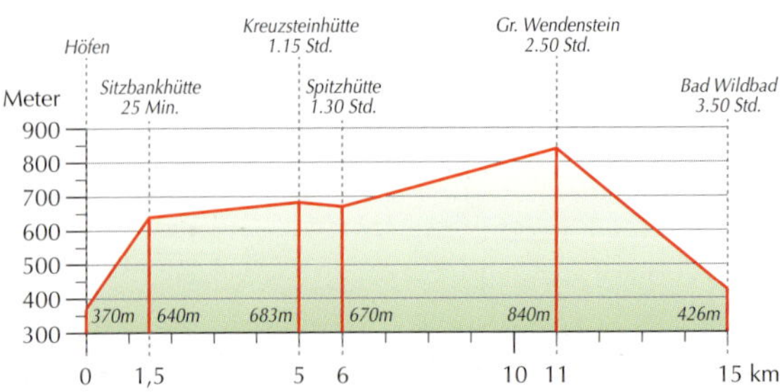

3

steinhütte; etwa 100 m hinter den drei Kreuzen befindet sich der **Gallbrunnen**, bei dem die verschwundene **Eiburg** vermutet wird. Von der Kreuzsteinhütte leitet die blaue Raute weiter zur Wegeverzweigung an der **Spitzhütte**: Rechts geht es auf dem Eyachschneisenweg zurück Richtung Höfen, geradeaus führt die blaue Raute in wenigen Minuten zum Aussichtspunkt **Tornadostein** (Gedenkstein für die Orkane des Jahres 1990), während wir links auf den bequemen Spitzhüttenweg wechseln, der in sachtem Anstieg im Hang des **Oberen Eibergs** verläuft. Oberhalb des talartigen Einschnitts **Wildbader Teich** bietet sich hoch über dem Eyachtal windwurfbedingt einer der schönsten Ausblicke auf den nördlichen Schwarzwaldrand. Schließlich erreichen wir über den Pfeiffersweg die **Schirmhütte** am **Kleinen Wendenstein** und die **Soldatenhütte** beim Soldatenbrunnen am **Großen Wendenstein**. Von hier führt die blaue Raute durch das naturschöne **Rennbachtal** hinab nach **Bad Wildbad**.

Bikepark Bad Wildbad

Der Bikepark ist das Eldorado für alle Mountainbike-Freaks. Die Bikestation bietet auch Fahrkurse in allen Schwierigkeitsgraden an und vermietet Bikes und Zubehör.
Info: www.bikepark-bad-wildbad.de

4 Durch das Monbachtal nach Bad Liebenzell

Durch die wildromantische Monbachklamm: Monbachtal – Pumpwerk – Monakam – Bad Liebenzell

Das Monbachtal, ein Seitental der Nagold, ist eines der wildromantischsten Schwarzwaldtäler. Durch dieses Naturschutzgebiet geht es zum Luftkurort Monakam, von dort führt der Weg nach Bad Liebenzell, das mit einer eindrucksvollen Burgruine auf seine Besucher wartet.

mittel

8 km

2 Std.

▶ **Tourencharakter:** Steiniger und wurzeliger Weg/Steig im Monbachtal (Schild: »Begehen auf eigene Gefahr«), danach gute, zum Teil steile Wege und Pfade.
▶ **Beste Jahreszeit:** Frühjahr bis Herbst; nicht bei Hochwasser oder nach starken Regenfällen (der Bach muss mehrfach auf Steinen durchquert werden, er kann dann unpassierbar sein).
▶ **Ausgangspunkt:** Haltepunkt Monbach-Neuhausen der Nagoldtalbahn bzw. Parkplätze bei den Sportanlagen bei der Brückenzufahrt zum Monbachtal.
▶ **Endpunkt:** Bahnhof Bad Liebenzell.
▶ **Wanderkarte:** Schwarzwaldvereins-Wanderkarte 1:50 000 Blatt 1 Karlsruhe/Pforzheim (Landesvermessungsamt Baden-Württemberg).
▶ **Markierung:** Schwarz-rote Raute, blau-gelbe Raute und namentliche Ausschilderungen.
▶ **Verkehrsanbindung:** A 8 Karlsruhe – Stuttgart Ausfahrt Pforzheim West, dann via Pforzheim auf der B 463 weiter nach Bad Liebenzell. Nagoldtalbahn (DB-Regio) Pforzheim – Bad Liebenzell – Calw.
▶ **Einkehr:** Monakam, Bad Liebenzell.
▶ **Tourist-Info:** Kurverwaltung Tourist-Info Bad Liebenzell, Kurhausdamm 4, 75378 Bad Liebenzell, www.bad-liebenzell.de

Der Wegverlauf

Vom Bahnhof **Monbach-Neuhausen** folgen wir der Bahnlinie kurz talaufwärts und treffen am Bahnwärterhaus auf den Ostweg (Markierung schwarz-rote Raute). Dieser führt links hinauf zu den Anlagen des **Freizeit- und Bibelheims** der evangelischen **Liebenzeller Mission** und taucht dahinter in das **Monbachtal** ein. Die Raute des Ostwegs gibt die oft abenteuerliche Route vor auf dem Grund dieses wunderschönen, schluchtartigen Tals, in dem der Bach mehrmals auf Steinen zu durchqueren ist. Während der Jugendzeltplatz Jugendlichen vorbehalten ist,

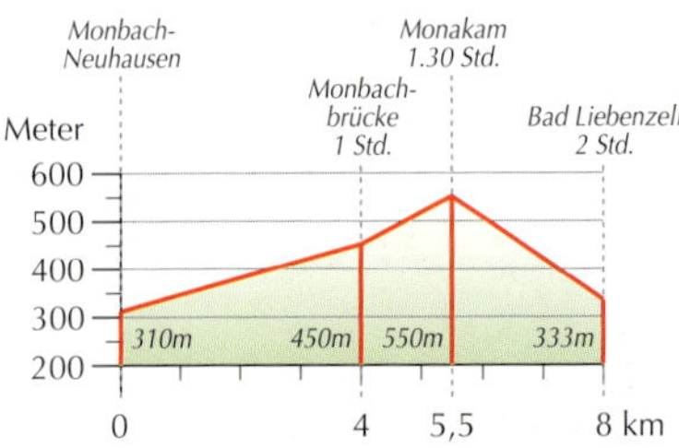

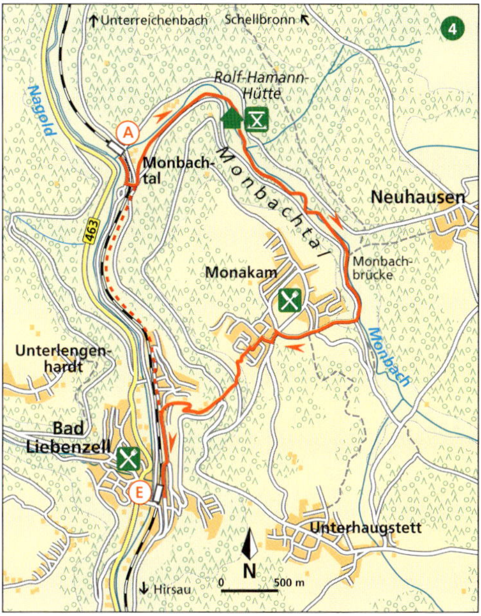

ist die wenig später erreichte **Rolf-Hammann-Hütte** ein Rastplatz mit Grillstelle für alle. Im weiteren Verlauf erwarten uns längs des Bachlaufs kleine Wasserfälle und Seen, dann ist die **Monbachbrücke** erreicht. Hier verlässt der Ostweg das Tal links hinauf, während wir rechts oberhalb der Brücke der Ostweg-Zugangs-Markierung blau-gelbe Raute geradeaus über dem Bachtal folgen. Beim **Pumpwerk** verzweigen sich die Routen: Wir folgen der Raute rechts hinauf Am Frauenwald in den Luftkurort **Monakam**, wo wir auf die Bad Liebenzeller Straße (Durchgangsstraße) treffen: Halbrechts liegen das neue Dorfzentrum und dahinter das alte Kirchdorf, während wir kurz links in Richtung des neuen Dorfs gehen, die erste rechts (Am Hährenwald) und die nächste links (Monakamer Kirchweg): Der Monakamer Kirchweg geht am Rand des Wohngebiets **Ferienpark** in einen schmalen Pfad über, der im Wald hinab recht steil abwärts führt zum **Waldfriedhof** und weiter steil hinab ins Nagoldtal, wo er auf den Ostweg mündet: Kurz links (Schillerallee), und wir sind am Bahnhof **Bad Liebenzell**.

Die Burg oberhalb von Bad Liebenzell wurde zu einer Tagungsstätte ausgebaut.

5 Von Bad Liebenzell nach Hirsau und Calw

Ruinenromantik und Hermann-Hesse-Stadt im Nagoldtal: Bad Liebenzell – Hirsau – Calw

Von Bad Liebenzell führt der Ostweg aufwärts im Nagoldtal zu den eindrucksvollen Ruinen des Benediktinerkloster Hirsau und in die Hermann-Hesse-Stadt Calw.

- leicht
- km 10 km
- 2½ Std.
- ja

▶ **Tourencharakter:** Bequeme Talwanderung, meist im Wald, aber mit vielen Aussichtsstellen.
▶ **Beste Jahreszeit:** Frühjahr bis Herbst.
▶ **Ausgangspunkt:** Bahnhof Bad Liebenzell.
▶ **Endpunkt:** Bahnhof Calw.
▶ **Wanderkarte:** Schwarzwaldvereins-Wanderkarte 1:50 000 Blatt 1 Karlsruhe/Pforzheim (Landesvermessungsamt Baden-Württemberg).
▶ **Markierung:** Schwarz-rote Raute (Ostweg) und namentliche Ausschilderungen.
▶ **Verkehrsanbindung:** A 8 Karlsruhe – Stuttgart Ausfahrt Pforzheim West, dann via Pforzheim auf der B 463 weiter nach Bad Liebenzell. Nagoldtalbahn (DB-Regio) Pforzheim – Bad Liebenzell – Hirsau – Calw.
▶ **Einkehr:** Bad Liebenzell, Hirsau, Calw.
▶ **Tourist-Info:** Kurverwaltung Tourist-Info Bad Liebenzell, Kurhausdamm 4, 75378 Bad Liebenzell, www.bad-liebenzell.de; Tourist-Info Calw, Marktbrücke 1, 75365 Calw, www.calw.de

Der Wegverlauf

Brückenkapelle in Calw

Vom Bahnhof **Bad Liebenzell** führt die schwarz-rote Ostweg-Raute durch die Bahnhofstraße talaufwärts zum Berliner Platz und geradeaus weiter durch den Reuchlinweg, wo man schon bald die Möglichkeit hat, über eine Stegbrücke in den Kurpark am gegenüberliegenden Ufer der Nagold zu gelangen. Bald hinter dem **Paracelsusbad** taucht der Ostweg in den Wald ein und folgt bequem immer der Bahnlinie. Der Calwer Ortsteil **Ernstmühl** wird oberhalb im bewaldeten Hang der **Wolfsschlucht** umgangen, wenig später erreichen wir im Luftkurort **Hirsau** in der Nähe von Bahnhof und Kurpark das Klostermuseum mit der **Aureliuskirche**.

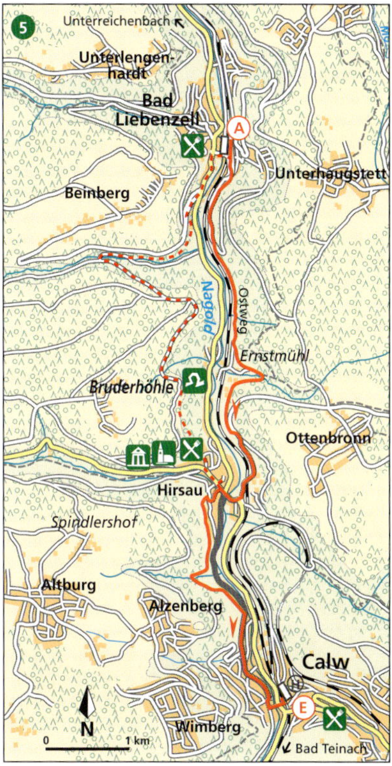

Diese Kirche ist der Rest einer um 1059–71 errichteten romanischen Basilika, die 1584 zum großen Teil abgebrochen wurde. In einem Anbau auf der Nordseite ist an der Calwer Straße das **Klostermuseum** untergebracht, das die Geschichte der Hirsauer Klosterkultur dokumentiert.

Im Bereich des ehemaligen Kreuzgangs hinter der Aureliuskirche wurde nach mittelalterlichem Vorbild ein **Klostergarten** mit heimischen Heilkräutern angelegt. In 37 Beeten finden sich ca. 50 verschiedene Pflanzenarten aus Walahfrieds Kräutergarten und dem Arzneischatz Hildegards von Bingen. Auf der Calwer Straße wechseln wir ans linke Ufer der Nagold und verlassen nun vorübergehend den Ostweg: Durch die Wildbader Straße gelangen wir zu den **Ruinen des Benediktinerklosters Hirsau**.

Nach der Rast in dem eindrucksvollen, parkartigen Gelände kehren wir zurück zum Ostweg, der von der Wildbader Straße rechts auf dem Altburger Weg in den bewaldeten Hang wechselt, oben nicht links Panoramastraße, sondern kurz rechts und gleich wieder links auf einen Waldweg oberhalb der Bebauung. Schließlich mündet der Ostweg auf den Hirsauer Wiesenweg (zugleich Nagoldradweg) und erreicht nach Queren der Kreisstadt die Stadt **Calw**: Kurz geradeaus durch Inselgasse und Lederstraße, dann rechts durch die fachwerkhäuserflankierte Biergasse zum Marktplatz. Bahnhof und Omnibusbahnhof liegen auf der rechten Seite der Nagold und sind am besten über die **Nikolausbrücke** erreichbar.

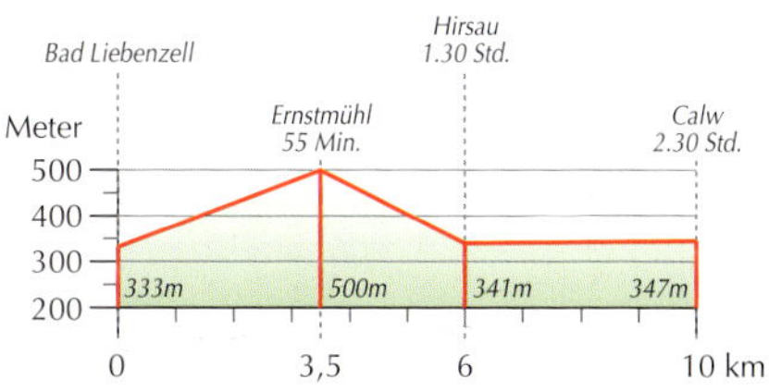

6 Über den Zavelstein nach Bad Teinach

Krokuswiesen, Stauferburg und königliches Hofbad: Calw – Zavelstein – Bad Teinach

Von der Calwer Altstadt führt der Ostweg zu den Zavelsteiner Krokuswiesen und in die Burgstadt Zavelstein, von der aussichtsreichen Burgruine hoch über dem Teinachtal geht es hinab in das Heilbad Bad Teinach und durch das Teinachtal zurück ins Nagoldtal. Wer die Krokusblüte erleben will, unternimmt die Wanderung Anfang März.

▶ **Tourencharakter:** Bequeme Wald- und Aussichtswanderung, lediglichder kurze Aufstieg zum Gimpelstein ist steil.
▶ **Beste Jahreszeit:** Frühjahr bis Herbst.
▶ **Ausgangspunkt:** Bahnhof Calw an der Nagoldtalbahn.
▶ **Endpunkt:** Bahnhof Bad Teinach an der Nagoldtalbahn.
▶ **Wanderkarte:** Schwarzwaldvereins-Wanderkarte 1:50000 Blatt F 3 Wildbad Freudenstadt (Landesvermessungsamt Baden-Württemberg).
▶ **Markierung:** Schwarz-rote Raute und namentliche Ausschilderungen, ab Bad Teinach blau-gelbe Raute.
▶ **Verkehrsanbindung:** A 8 Karlsruhe – Stuttgart Ausfahrt Pforzheim West, dann via Pforzheim auf der B 463 weiter nach Calw. Nagoldtalbahn (DB-Regio) Pforzheim – Bad Liebenzell – Hirsau – Calw – Horb.
▶ **Einkehr:** Bad Liebenzell, Zavelstein, Bad Teinach.
▶ **Tourist-Info:** Touristinfo Calw, Marktbrücke 1, 75365 Calw, www.calw.de; Teinachtal-Touristik, Otto-Neidhart-Allee 6, 75385 Bad Teinach-Zavelstein, www.bad-teinach-zavelstein.de

Der Wegverlauf

Vom Bahnhof **Calw** gehen wir am Omnibusbahnhof vorbei, überqueren die Nagold auf der steinernen **Nikolausbrücke**, der ältesten Brücke der Stadt mit der spätgotischen **Nikolauskapelle** auf dem Mittelpfeiler. Wir befinden uns nun auf dem Hermann-Hesse-Platz und gelangen rechts durch die Marktstraße am **Rathaus** vorbei zum fachwerkhäuserumgebenen Marktplatz mit dem **Hermann-Hesse-Museum**. Schon vorher entdecken wir an den Arkaden des Rathauses die vom Marktplatz herüberführende schwarz-rote Raute des Ostwegs, die den Weg durch die Salzgasse hinauf zum **Stadtgarten** und dann steiler aufwärts zum aussichts-

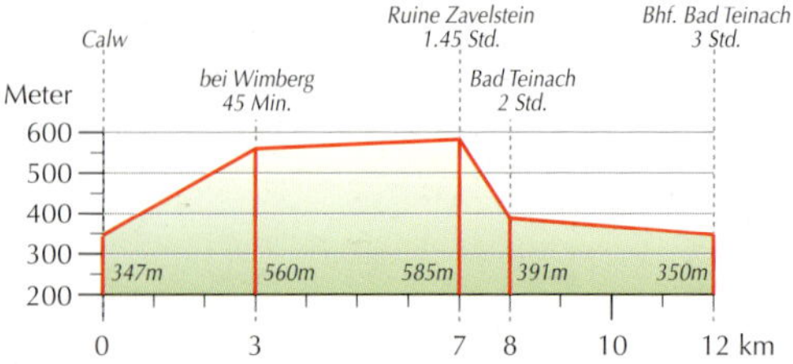

6

reichen **Gimpelstein** hoch über der Stadt weist. Hier wird das Gelände flacher, und im Wald führt der Ostweg an der alten Richtstätte **Schafott** vorbei zur Raststelle am **Schwarzwildgehege** auf dem **Wimberg**. Nach Überschreiten der Höhe senkt sich der Weg ins **Rötelbachtal** und folgt dann einer kleinen Fahrstraße durch die **Zavelsteiner Krokuswiesen** hinauf zum Wanderheim des Schwarzwaldvereins und hinab in die denkmalgeschützte Burgstadt **Zavelstein**. Von der Burg leitet der Ostweg hinab nach Bad Teinach im **Teinachtal**. Von Bad Teinach folgen wir dem Ostweg-Zugangsweg (Markierung blau-gelbe Raute) im Hang des Teinachtals hinab zum Bahnhof **Bad Teinach** an der Nagoldtalbahn.

Die malerische Burgruine Zavelstein

7 Über den Egenhäuser Kapf nach Altensteig

Fachwerkstädte, Naturidyllen, Panoramen: Nagold – Hohennagold – Egenhäuser Kapf – Altensteig

Von der Nagolder Fachwerkaltstadt führt diese erstklassige Aussichtswanderung zur Burgruine Hohennagold und zum Naturparadies Egenhäuser Kapf, in Altensteig klingt die Wanderung mit einem der schönsten Stadtbilder im Schwarzwald aus. Von Altensteig fährt der Bus zurück nach Nagold.

mittel

17 km

4 1/2 Std.

▶ **Tourencharakter:** Bequeme Wald- und Aussichtswanderung mit einigen steileren Anstiegen.
▶ **Beste Jahreszeit:** Frühjahr bis Herbst.
▶ **Ausgangspunkt:** Bahnhof Nagold an der Nagoldtalbahn.
▶ **Endpunkt:** Altensteig Zentrum.
▶ **Wanderkarte:** Schwarzwaldvereins-Wanderkarte 1:50000 Blatt 3 Wildbad Freudenstadt (Landesvermessungsamt Baden-Württemberg).
▶ **Markierung:** Hagebutte in grüner Raute auf weiß (Gäurandweg), blau-gelbe Raute (Ostweg-Zugangsweg) und namentliche Ausschilderungen.
▶ **Verkehrsanbindung:** Anfahrt auf der A 81 Stuttgart – Bodensee Ausfahrt Herrenberg, weiter auf der B 28 nach Nagold. Nagoldtalbahn (DB-Regio) Pforzheim – Bad Liebenzell – Hirsau – Calw – Nagold – Horb.
▶ **Einkehr:** Nagold, Rohrdorf, Walddorf, Altensteig.
▶ **Tourist-Info:** Tourist-Information Nagold, Marktstraße 27, 72202 Nagold, www.nagold.de; Verkehrsamt Altensteig, Rosenstraße 28, 72213 Altensteig, www.altensteig.de

Der Wegverlauf

Vom Bahnhof **Nagold** führt der Gäurandweg (Markierung Hagebutte in grüner Raute auf weiß) in die **Altstadt** von Nagold mit ihren malerischen Fachwerkfassaden. An der Durchgangsstraße (Calwer Straße, B 463) geht es kurz links, dann rechts über die Nagold und im Wald steil hinauf zur **Burgruine Hohennagold** auf dem **Schlossberg** hoch über der Nagolder Altstadt. Hinter der Ruine führt der Gäurandweg noch ein Stück weiter aufwärts und folgt einem Naturlehrpfad durch das Naturschutzgebiet. Beim Parkplatz am Waldrand wechselt der Gäurandweg auf die Zufahrt und folgt ihr aussichtsreich hinab in das ehemalige Johanniterdorf **Rohrdorf** im Nagoldtal:

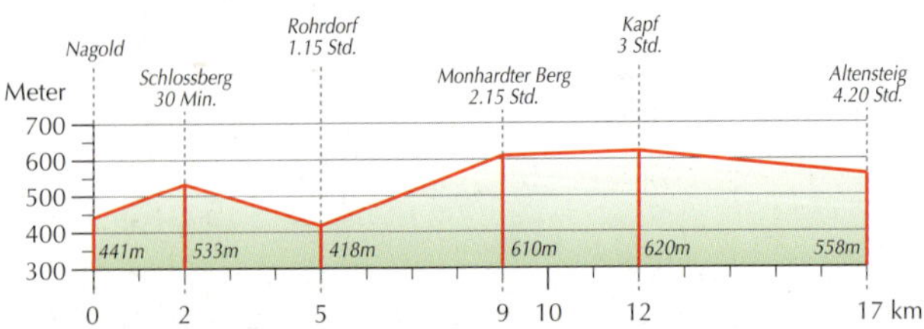

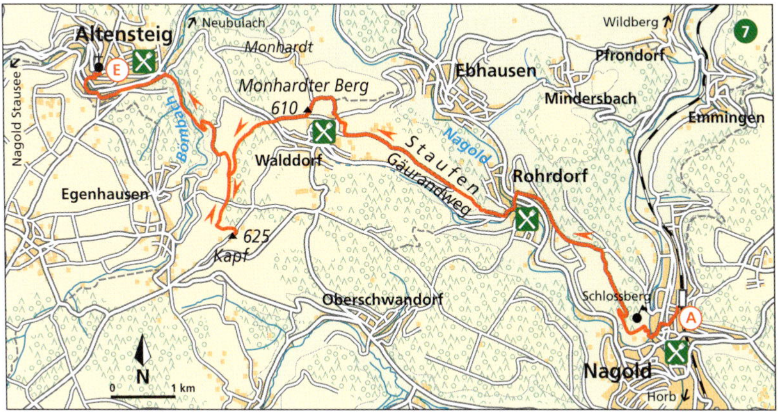

Nach Überqueren der Nagold geht es auf der Johanniterstraße hinauf zur ehemaligen Komturei. Oberhalb der Komturei verlässt der Gäurandweg bald die Walddorfer Straße und führt rechts hinauf auf den bewaldeten Rücken des **Staufen** hoch über dem Nagoldtal. Bald lichtet sich der Wald, und wir wandern mit überragender Aussicht nach Altensteig-**Walddorf** und dahinter über den aussichtsreichen Monhardter Berg. Zehn Minuten später gelangen wir im Hang des Bömbachtals an eine Wanderwegeverzweigung. Während der Zugangsweg (Markierung blaugelbe Raute) hier rechts hinab nach Altensteig führt, folgen wir der Hagebuttenmarkierung des Gäurandwegs in zehn Minuten zum aussichtsreichen **Egenhäuser Kapf**. Von dort wandern wir zurück bis zur Verzweigung und folgen dann dem Zugangsweg (blaugelbe Raute) durch das **Bömbachtal** nach Altensteig im **Nagoldtal**.

links: Prächtiges Schaufachwerk in Nagold

rechts: Das Schloss oberhalb von Altensteig beherbergt ein Museum.

8 Vom Kaltenbronn durch das Wildseemoor

Durch Deutschlands größtes Hochmoor: Kaltenbronn – Wildseemoor – Grünhütte – Kaltenbronn

Vom Naturpark-Informationszentrum Kaltenbronn führt diese Wanderung durch das größte Hochmoor Deutschlands. Der Rückweg lässt sich variieren, entweder durch das Moor mit seinem urwüchsigen Bannwald oder durch den Wald mit Gelegenheit zu einem wundervollen Ausblick über das Eyachtal.

leicht

13 km

3½ Std.

ja

▶ **Tourencharakter:** Leichte Waldwanderung, die im Bereich des Wildseemoors »auf eigene Gefahr« zu begehenden Bohlenwegen folgt.
▶ **Beste Jahreszeit:** Frühjahr bis Herbst.
▶ **Ausgangs-/Endpunkt:** Bushaltestelle und Parkplatz am Skizentrum Gernsbach-Kaltenbronn.
▶ **Wanderkarte:** Schwarzwaldvereins-Wanderkarte 1:50000 Blatt 1 Karlsruhe/Pforzheim (Landesvermessungsamt Baden-Württemberg) oder Atlasco-Wanderkarte 1:30000 Blatt 231 Schwarzwald Bad Herrenalb Bad Wildbad.
▶ **Markierung:** Namentliche Ausschilderungen und rote Raute.
▶ **Verkehrsanbindung:** Linienbus ab Bahnhof Bad Wildbad bzw. ab Bahnhof Gernsbach, im Winter verkehren zusätzlich Skibusse.
▶ **Einkehr:** Kaltenbronn, Grünhütte.
▶ **Tourist-Info:** Verkehrsamt Gernsbach, Igelbachstraße 11, 76584 Gernsbach, www.gernsbach.de; Reise- und Verkehrsbüro Bad Wildbad, König-Karl-Straße 7, 75314 Bad Wildbad, www.bad-wildbad-tourismus.de

Der Wegverlauf

Von den Parkplätzen gehen wir mit Richtungsangabe »Wildsee« am Wildgehege vorbei und folgen dem Mannslohweg durch den Wald zur **Leonhardshütte**. An dieser Schutzhütte macht der Weg einen kurzen Rechtsschlenker und führt dann links auf einem Holzbohlensteg durch das Naturschutzgebiet **Wildseemoor**. Zu den schönsten Stellen zählt der Platz mit den Sitzbänken, die Blick auf den Wildsee bieten. Am Ende des Schutzgebiets folgen wir dem Mittelweg des Schwarzwaldvereins (Markierung rote Raute) rechts an der **Weißensteinhütte** (Schutzhütte) vorbei zur gemütlichen Waldgaststätte **Grünhütte** (830 m) mit Sonnenterrasse. Wo vor über 250 Jahren der Wald als Sommerweide gerodet und das Stierhäusle als Stützpunkt für

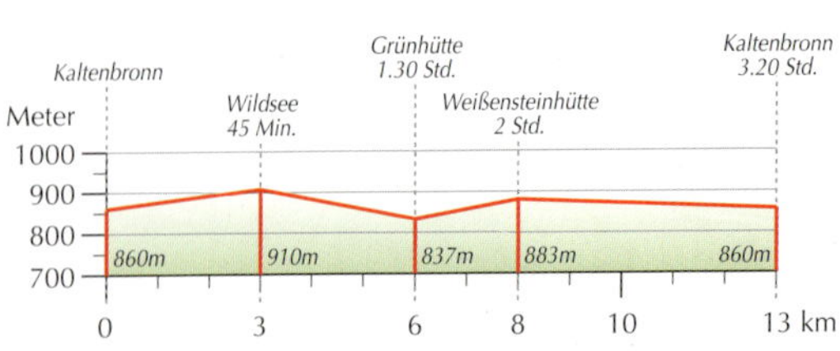

Wollgrasblüte im Wildseemoor

Waldarbeiter und Hirten errichtet wurde, befinden sich heute Wiesen und Grillstellen unter schattigen Bäumen. Wer mit dem Bus von Bad Wildbad zum Kaltenbronn heraufgefahren ist, kann dem Mittelweg nun weiter bergabwärts bis Bad Wildbad folgen; wir zweigen an der Grünhütte jedoch rechts auf den Billionenweg ab und werden im Wald zur **Weißensteinhütte** zurückgeführt. Hier muss man sich entscheiden: Entweder folgt man wieder dem bekannten Bohlenweg durch das Wildseemoor, oder man umgeht das Moor auf dem Mittelweg. Letzterer folgt einem Forstweg im Wald zurück zum **Kaltenbronn** und bietet an einer Stelle einen wunderbaren Blick über das Eyachtal hinweg zum Dobel.

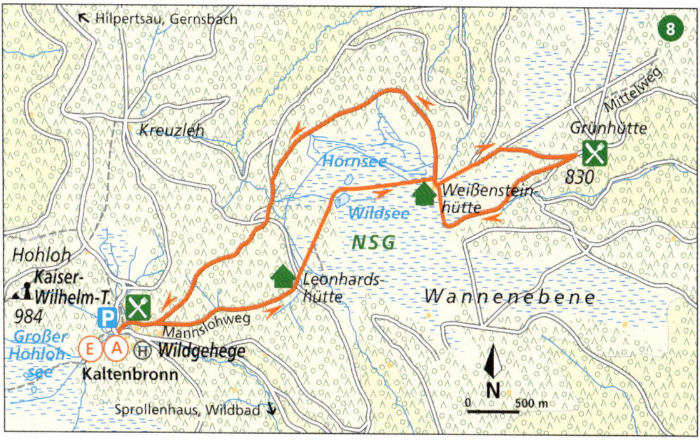

9 Quellenerlebnispfad im Albtal

Zur Plotzsägmühl bei Bad Herrenalb: Bad Herrenalb – Plotzsägmühl – Bad Herrenalb

Der Quellenerlebnispfad von der Siebentäler-Stadt Bad Herrenalb durch das obere Albtal zur mehr als 700 Jahre alten Plotzsägmühl zählt zu den romantischsten Talwanderwegen im Nordschwarzwald.

leicht
11 km
2¾ Std.
ja

- **Tourencharakter:** Bequeme Waldwanderung.
- **Beste Jahreszeit:** Frühjahr bis Herbst.
- **Ausgangs-/Endpunkt:** Bahnhof Bad Herrenalb.
- **Wanderkarte:** Schwarzwaldvereins-Wanderkarte 1:50000 Blatt 1 Karlsruhe/Pforzheim (Landesvermessungsamt Baden-Württemberg) oder Atlasco-Wanderkarte 1:30000 Blatt 231 Schwarzwald Bad Herrenalb Bad Wildbad.
- **Markierung:** Blaue Raute (Albtalweg), Libelle Quelli (Quellenerlebnispfad) und namentliche Ausschilderungen.
- **Verkehrsanbindung:** A 5 Basel – Frankfurt Ausfahrt Ettlingen und via Ettlingen nach Bad Herrenalb. S-Bahn S 1 Karlsruhe – Bad Herrenalb.
- **Einkehr:** Bad Herrenalb, Plotzsägmühl.
- **Tourist-Info:** Tourismusbüro Bad Herrenalb, Bahnhofsplatz 1, 76332 Bad Herrenalb, www.badherrenalb.de

Der Wegverlauf

Auf dem Gebiet des heilklimatischen Kurorts **Bad Herrenalb** entspringen mehr als 60 Quellen. Auf dem Quellenerlebnispfad lernen wir die Geheimnisse der Quellen im Albtal kennen und sehen an 16 Stationen Sturzquellen, Quellsümpfe, gefasste Quellen usw. – alles begleitet von der Alb, einem Wildbach, der mal überschäumend, mal ruhig und gemächlich durchs Tal fließt. Ausgebildete Gewässerführer bieten Führungen an auf dem Quellenerlebnispfad und berichten von Mythen und Sagen, von Flora und Fauna. Der Quellenerlebnispfad beginnt am Albtalweg oberhalb des Friedhofs, dort kann man parken bzw. mit dem Bus hinfahren (Haltestelle: Friedenshöhe), unsere Wanderung beginnt schon am Bahnhof, denn auch den hübschen Kurort kennen zu lernen ist lohnend.

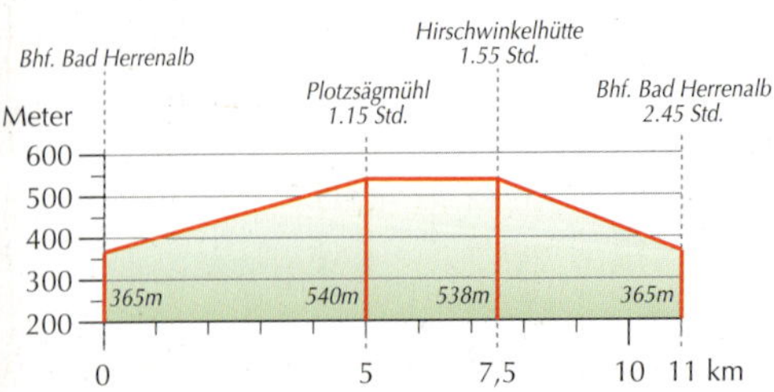

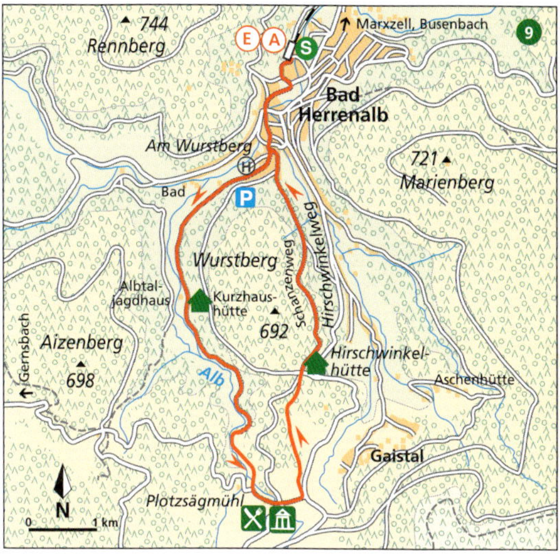

Am Bahnhofsplatz vor dem **Bahnhof** befindet sich das Tourismusbüro: Es ist empfehlenswert, sich dort die kostenlose Informationsbroschüre »Quellenerlebnispfad« mit auf den Weg geben zu lassen.

Vom Bahnhofsplatz gelangen wir durch die Bahnhofstraße zum **Kurpark** und schlendern in den gepflegten Anlagen rechts hinauf am Kurhaus vorbei. Am Rathausplatz hinter dem Kurhaus befinden sich Wanderwegweiser, das Zeichen blaue Raute (Albtalweg) weist uns den Weg, ein weiteres Markierungszeichen ist die Libelle Quelli (Quellenerlebnisweg), die uns in die Zauberwelt der Albtalquellen lotst. Am Friedhof vorbei geht es hinauf zur Bushaltestelle am **Wurstberg**, dann mit schönen Ausblicken auf den Kurort und das Wiesental am Waldrand entlang auf dem Albtalweg. Je näher der Talgrund rückt, desto bestimmender begleitet uns das Rauschen der Alb. An einer Sitz-

Der Kurpark in Bad Herrenalb

9

bank über dem romantischen Wiesental verzweigt sich der Weg: Die blaue Raute führt durch den Talgrund hinüber, während unser Quellenerlebnispfad geradeaus weiterführt und kurz hinter der **Kurzhaushütte**, einer Schutzhütte, den Bach erreicht. Im weiteren Verlauf regt der **Wasserfall**-Felsen dazu an, über die Sagen des Albtals nachzudenken.

Am Ende des Quellenerlebniswegs lädt das urige Schwarzwaldgasthaus **Plotzsägmühl** zur Einkehr, hier gibt es warme und kalte Mahlzeiten und Getränke zu einem fairen Preis. Am schönsten ist es, von der Plotzsägmühl demselben Weg längs der Alb zurück nach Bad Herrenalb zu folgen, aber es gibt auch eine attraktive Alternative: Man geht den Steudingerweg links hinauf nach **Zieflesberg**, oben an der Bushaltestelle rechts und die erste kurz links hinab Richtung Gaistal und trifft am Straßendreieck Hirschwinkelweg auf die Markierung blaue Raute, die links auf dem gemütlichen Talwiesenweg zur **Hirschwinkelhütte** (Grillhütte, Bushaltestelle) führt. Von hier leitet die blaue Raute auf dem Schanzenweg im Hang des **Wurstbergs** bequem zurück nach **Bad Herrenalb**.

Die Plotzsägmühl

Die Familie Kübler, die den Gaststättenbetrieb Plotzsägmühl inzwischen in der zehnten Generation betreibt, hat auch ein kleines Technikmuseum mit Geräten aus dem 17. Jh. eingerichtet, und das Holzsägewerk mit oberschlächtigem Wasserrad wird nicht nur von Kindern bestaunt. Erwachsene werden staunen über die außen wie innen angebrachten bzw. aufgehängten Schriftwechsel, Informationstafeln und Schilder, die den unermüdlichen Kampf des Herrn Kübler gegen eine übermächtige Bürokratie im Landratsamt Rastatt und in Loffenau dokumentieren.

Von Gaggenau zum Bernstein

10

Schönster Aussichtsfelsen zwischen Murg- und Albtal: Gaggenau – Michelbach – Mahlberg – Moosbronn – Bernstein – Gaggenau

Die exzellenten Ausblicke vom Mahlberg und vom Bernstein verbindet diese abwechslungsreiche Wanderung mit dem Wallfahrtsweg von Michelbach nach Moosbronn. Wer angesichts der beträchtlichen Steigungen wenigstens bei den Kilometern abkürzen will, startet in Michelbach. Wer fast 500 Höhenmeter Anstiege sparen will, fährt vom Bahnhof Gaggenau mit dem Stadtbus nach Moosbronn (Stadtteil von Gaggenau).

- **Tourencharakter:** Teilweise steile (Wallfahrtsweg!) Panorama- und Waldwanderung auf Forstwegen, Wurzelpfaden und kleinen Teerstraßen.
- **Beste Jahreszeit:** Frühjahr bis Herbst.
- **Ausgangs-/Endpunkt:** S-Bahnhof Gaggenau an der Murgtal-S-Bahn S 41 Rastatt – Freudenstadt. Wer die Wanderungen abkürzen will, fährt vom Bahnhof Gaggenau mit dem Bus Linie 253 nach Gaggenau-Michelbach (der Bus fährt weiter nach Gaggenau-Moosbronn).
- **Wanderkarte:** Schwarzwaldvereins-Wanderkarte 1:50000 Blatt 1 Karlsruhe/Pforzheim (Landesvermessungsamt Baden-Württemberg) oder Atlasco-Wanderkarte 1:30000 Blatt 231 Schwarzwald Bad Herrenalb Bad Wildbad.
- **Markierung:** Roter Punkt, blaue Raute und namentliche Ausschilderungen.
- **Verkehrsanbindung:** A 5 Basel – Karlsruhe Ausfahrt Rastatt, dann auf der B 462 durch das Murgtal nach Gaggenau; Murgtal-S-Bahn S 41 Rastatt – Gaggenau – Freudenstadt.
- **Einkehr:** Gaggenau, Michelbach, Moosbronn.
- **Tourist-Info:** Stadt Gaggenau, Hauptstraße 71, 76571 Gaggenau, www.gaggenau.de

mittel

21 km

5 1/2 Std.

Der Wegverlauf

Aus dem Bahnhof **Gaggenau** auf den Bahnhofsplatz tretend, gehen wir links parallel zu den Gleisen bis zur Ampel, biegen links ab und laufen nach Queren der Gleise auf der Friedrich-Ebert-Straße bis zum Goethegymnasium. Hier schickt uns die Rotpunkt-Markierung kurz links durch die Gutenberg- und gleich rechts in die Nelkenstraße. An ihrem Ende steigen wir die Treppen hinauf, biegen rechts ab und verlassen auf der Lilienstraße den Ort auf einem Schotter- und Teerweg, der hoch über dem Michelbachtal eine prachtvolle Aussicht auf Mahlberg, Bernstein, Teufelsmühle und Hohloh gewährt. Am Festplatz gelangen wir in das Fachwerkdorf **Michelbach**, gehen geradeaus auf dem Heilweg zum Lindenplatzbrunnen an der Kirche und folgen dem

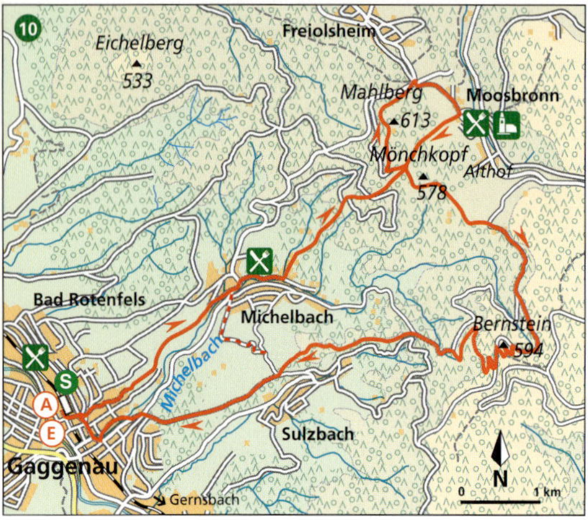

Michelbach weiter aufwärts auf der Bernstein- und der Otto-Hirt-Straße, bis links die Mönchkopfstraße mit der Richtungsangabe »Mahlberg 3,1 km« abzweigt.

An der aussichtsreichen Verzweigung mit der Sitzbank oberhalb des Orts geht es halb rechts hinauf in den Wald, wo wir schließlich auf einen Hangweg treffen: Hier wenige Meter rechts zum alten Bildstock, wo uns die Schilder des Wallfahrtswegs links hinauf schicken, ziemlich steil, wie es Wallfahrtswege so in sich haben. Am nächsten Bildstock befinden wir uns auf dem Sattel zwischen Mönchkopf (rechts) und Mahlberg. Während der Wallfahrtsweg hier geradeaus weiter nach Moosbrunn führt, folgen wir der blauen Raute links hinauf zum Aussichtsturm auf dem **Mahlberg**. Nach dem Abstieg führt uns die blaue Raute zu einer Straßenkreuzung, hier biegen wir rechts ab und gelangen nach **Moosbronn**. Von dort folgen wir dem Wallfahrtsweg (Mönchskopfweg) durch die Wiesen hinauf zum Bildstock-Sattel zwischen Mahlberg und Mönchkopf und schließen uns wieder der blauen Raute an, die anfangs auf einem Pfad und später auf einem bequemen Forstweg zum **Bernstein** führt. Der Bernstein auf dem bewaldeten Höhenrücken zwischen Murg- und Albtal zählt zu den schönsten natürlichen Aussichtspunkten im nordwestlichen Schwarzwald. Das geländergesicherte Felsmassiv ist auf Steinstufen ersteigbar und bietet einen umfassenden Blick hinab ins Murgtal, auf die Baden-Badener Berge und in die Oberrheinebene sowie bei klarer Sicht auf die Haardt im Pfälzerwald und bis in die nördlichen Vogesen. In den schalenförmigen Vertiefungen, die sich im Gestein zeigen, sehen Heimatforscher Spuren aus heidnischer Vorzeit, während Geologen die Entstehung der Schalen den Kräften der Erosion zudenken. Überhöht ist der Felsen von einem mächtigen Sand-

10

In den niedrigen Lagen verläuft der Wanderweg in aussichtsreichen Streuobstwiesen.

steinkreuz, das auf der Seite Richtung Baden-Baden einen Spiegel zeigt. Den Bernsteinfelsen umgibt üppige Vegetation mit Stechpalmen, Birken, Tannen, Ebereschen, Eichen u.a. Am Fuß des Felsmassivs bietet eine Schutzhütte Unterschlupf bei Regen.

An der Bernsteinhütte treten wir den Abstieg an, wobei wiederum die blaue Raute die Route nach Gaggenau weist. In Serpentinen führt sie durch den bewaldeten Steilhang zur **Bruhwiese** unterhalb der **Geisterklamm**, und von nun an wird es bequemer: Auf einem Forstweg geht es in sachtem Abstieg durch die Wälder des **Katzenbuschs**, dann tritt der Weg hoch über dem Sulzbachtal aus dem Wald, und auf dem geteerten Sulzbacher Weg geht es meist sehr aussichtsreich zum Waldfriedhof, wo wir wieder das Michelbachtal erreichen; hier links (Michelbacher Straße) und sofort halb rechts über die Murg, dahinter links (Wiesenweg) und am Ende auf der Goethestraße rechts, bis wir am Goethegymnasium wieder auf unserem bekannten Weg sind: Links durch die Friedrich-Ebert-Straße und wir sind an der S-Bahn.

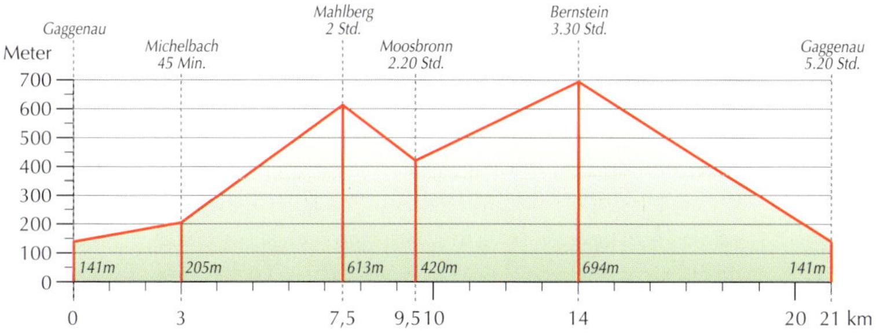

11 Von Baden-Baden über den Battert

Burgruinen und Aussichtsfelsen: Baden-Baden – Altes Schloss – Battert – Alteberstein – Wolfsschlucht – Baden-Baden

Diese Wald- und Panoramawanderung erschließt die überaus abwechslungsreiche Fels- und Berglandschaft oberhalb von Baden-Baden im Quellgebiet der Oos.

mittel
16 km
4 Std.
ja

▶ **Tourencharakter:** Wald- und Panoramawanderung auf zum Teil steilen, felsigen Pfaden.
▶ **Beste Jahreszeit:** Frühjahr bis Herbst; nicht bei Schneelage.
▶ **Ausgangs-/Endpunkt:** Bernharduskirche am Bernhardusplatz in der Weststadt von Baden-Baden.
▶ **Wanderkarte:** Schwarzwaldvereins-Wanderkarte 1:50 000 Blatt 2 Baden-Baden/Hornisgrinde (Landesvermessungsamt Baden-Württemberg) oder Atlasco-Wanderkarte 1:30 000 Blatt 229 Baden-Baden und Umgebung.
▶ **Markierung:** Grüner Ring, blauer Ring und namentliche Ausschilderungen.
▶ **Verkehrsanbindung:** A 5 Basel – Karlsruhe Ausfahrt Baden-Baden. S-Bahn Karlsruhe – Rastatt – Baden-Baden (Linie S 4).
▶ **Einkehr:** Altes Schloss, Ebersteinburg, Wolfsschlucht, Baden-Baden.
▶ **Tourist-Info:** Tourist-Information Baden-Baden, Schwarzwaldstraße 52, 76530 Baden-Baden, www.baden-baden.de

Der Wegverlauf

Vom Bernhardusplatz mit der monumentalen neuromanischen **Bernharduskirche** in der Baden-Badener **Weststadt** folgt der mit dem Zeichen grüner Ring markierte Panoramaweg dem Kellersbildweg am Waldrand entlang aufwärts zum **Bernhardusbrunnen**, zweigt hier rechts in den Wald ab und erreicht nach einer Spitzkehre den **Balzenberg**: Hier bietet sich oberhalb der Weinberge ein erstklassiger Ausblick über das Oostal hinweg auf die Baden-Badener Berge von der Yburg bis zum Ruberg.

Nach Wiedereintritt in den Wald und Passieren der Wegekreuzung am **Grünen Stein** geht es aufwärts zum Rotenfelser Weg, dort kurz rechts, dann mit der Richtungsangabe »Altes Schloss« in Serpentinen hinauf zur **Bernharduskapelle** und zum **Alten Schloss Hohenbaden**.

Hier beginnt der Aufstieg auf schmalen Pfaden und Felssteigen durch die Felsen des Battert: Schon an der **Ritterplatte** bietet sich eine faszinierende Aussicht, sie wird noch übertroffen durch den großartigen Ausblick von der **Felsenbrücke** bei der **Oberen Batterthütte**. Von letzterer führt die Markierung gelbe Raute an der

11

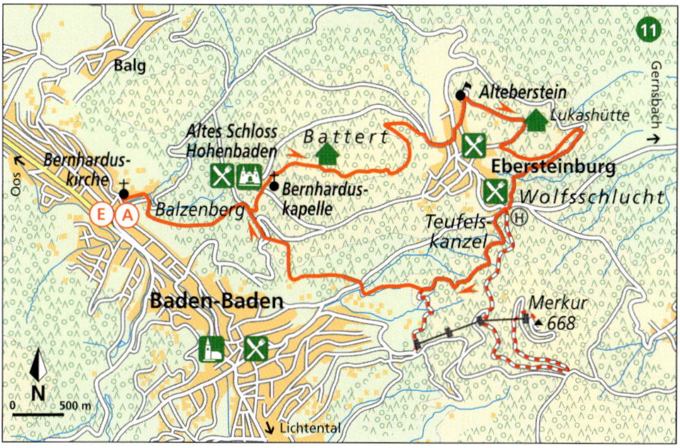

Bergwachthütte und an den Kletterfelsen vorbei mit immer wieder bestechender Aussicht zur **Unteren Batterthütte**. Hier geht es mit dem Zeichen gelber Ring links weiter (Bienenwaldweg) und schließlich rechts (Franzosenweg, dann Hilsbrunnenstraße) hinab nach **Ebersteinburg**: An der Durchgangsstraße (Ebersteinburger Straße) kurz links, dann halb rechts und hinauf zur **Burgruine Alteberstein.**

Von hier leitet die gelbe Raute am Sport- und Festplatz vorbei durch die Zimmerhardtstraße und zweigt nach Passieren des Friedhofs vor den ersten Häusern links zur Aussichtskanzel **Verbrannter Felsen** an der **Lukashütte** ab: Hier öffnet sich eines der schönsten Murgtalpanoramen überhaupt. Vom Verbrannten Felsen führt die Markierung weiter durch die **Wolfsschlucht** und trifft am Hotel Wolfsschlucht auf die Straße (Bushaltestelle): Hier kurz rechts und nach Queren der Straße links weiter auf dem

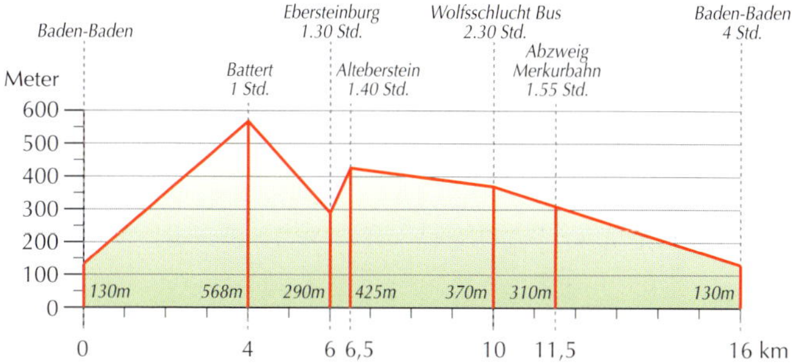

11

Teufelskanzelweg. Dieser führt zur Talstation der Merkur-Standseilbahn, und bei klarer Sicht sollte man dem Gipfel unbedingt einen Besuch abstatten.

Wer auf den Aufstieg zum Merkur verzichtet, achtet am **Langengehren** kurz vor der Talstation auf die Abzweigung des Panoramawegs (Markierung Grüner Ring): Mit immer wieder bestechender Aussicht auf Altstadt und Stiftskirche führt er durch Streuobstwiesen und an Kleingärten entlang ins **Rotenbachtal** und nach Unterqueren der Zähringer Straße durch das ehemalige Landesgartenschaugelände zur **Strohhütte** und weiter zur **Sophienruhe** mit exzellenter Aussicht auf das Kurhaus und das Neue Schloss. Bald darauf erreichen wir wieder (an der Straße kurz rechts) den bekannten Rotenfelser Weg und folgen dem Grünen Ring hinab zum **Balzenberg** und zum Ausgangspunkt an der **Bernharduskirche**.

Von den Felsen des Battert fällt der Blick hinüber zum Merkur

Von Forbach zum Hohloh

12

Heuhüttentäler und Felsen hoch über dem Murgtal: Forbach – Gausbach – Latschigfelsen – Hohloh – Schramberg – Forbach

Die Heuhüttentäler und die aussichtsreichen Latschigfelsen bei Forbach und der einsame Waldkamm hoch über Murg- und Nagoldtal sind die Höhepunkte dieser anspruchsvollen Wanderung. Mit Kindern ist es besser, mit dem Bus hinauf zum Schwarzmiss am Hohloh zu fahren und dann dem Westweg hinab nach Forbach zu folgen.

- **Tourencharakter:** Bis zum Hohloh steiler Anstieg, dann überwiegend bequeme Pfade und Wege, festes Schuhwerk empfehlenswert; wer den Anstieg scheut, fährt mit dem Bus zum Kaltenbronn.
- **Beste Jahreszeit:** Frühjahr bis Herbst; nicht bei Schneelage.
- **Ausgangs-/Endpunkt:** S-Bahnhof Forbach.
- **Wanderkarte:** Wanderkarte 1:50 000 Blatt 3 Wildbad Freudenstadt (Landesvermessungsamt Baden-Württemberg) oder Atlasco-Wanderkarte 1:30 000 Blatt 231 Bad Herrenalb/Bad Wildbad.
- **Markierung:** Rote Raute (Westweg), blaue Raute und namentliche Ausschilderungen.
- **Verkehrsanbindung:** S-Bahn S 41 Rastatt – Gaggenau – Gernsbach – Forbach – Freudenstadt. Autoanfahrt auf der A 5 Basel – Karlsruhe Ausfahrt Rastatt, dann auf der B 462 durch das Murgtal nach Forbach.
- **Einkehr:** Außer in Gausbach und Forbach keine unterwegs.
- **Tourist-Info:** Tourist-Info Forbach, Landstraße 27, 76596 Forbach, www.forbach.de

mittel

km 21 km

5½ Std.

Der Wegverlauf

Vom S-Bahnhof **Forbach** im Murgtal folgen wir der Westweg-Markierung rote Raute kurz talabwärts nach **Gausbach**, wo der Westweg rechts in den Hang wechselt und auf der Winterhardtstraße in das **Kauersbachtal** hinaufführt, ein typisches Heuhüttental mit Wiesen und Steinriegeln. Nach zwei Sitzbänken verlässt der Westweg das Tal und führt in Serpentinen links hinauf zum Ringbergweg, auf dem wir rechts weiterwandern, bis der Obere Tennetweg links hinauf zum Fuß des Latschigfelsens führt. Nun geht es auf einem Serpentinenpfad steil aufwärts, entlang den Stationen eines Kreuzwegs. Auf dem von Krüppelkiefern bewachsenen, aussichtsreichen **Kleinen Latschig,** einem mächtigen Granitfelsen, bietet sich am Gipfelkreuz eine herrliche Aussicht auf Gausbach, Forbach und Bermersbach. Noch weiter ist die Aussicht auf dem Großen Latschigfelsen, auf dem ein Schutzhüt-

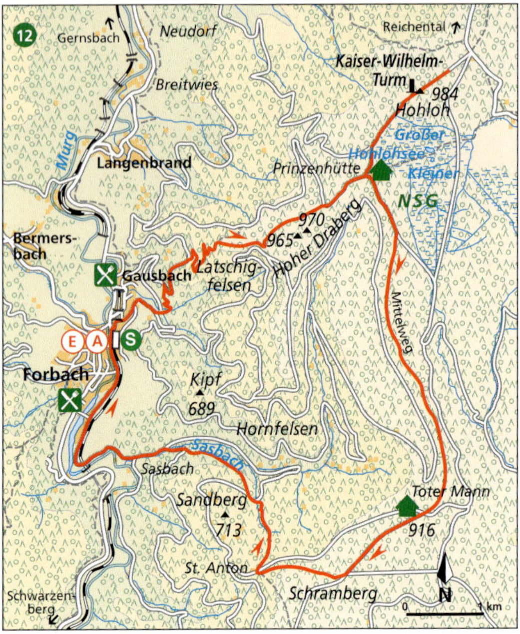

tenpavillon steht: Der Blick fällt auf das vordere Murgtal und die Rheinebene, bei Inversion im Spätherbst rastet man auf dem Latschig in der Sonne, während die Täler in einem dichten Nebelmeer versinken.

Vom Großen Latschigfelsen führt der Westweg im Hang des Hohen Drabergs weiter aufwärts mit immer wieder weiten Ausblicken auf die umliegenden Berggipfel und vereinigt sich schließlich an der **Prinzenhütte** mit dem Mittelweg (Markierung rote Raute mit weißem Strich). Bei klarer Sicht lohnt der Abstecher links zum Hohlohturm; bis dorthin haben West- und Mittelweg identischen Verlauf. Vom Hohlturm zurück an der Prinzenhütte, folgen wir dem Mittelweg auf der Alten Weinstraße, einem historischen Höhenweg, über den bewaldeten Kamm zwischen dem Murgtal und den Quelltälern der Enz. Aussicht bietet sich an der Hütte am **Toten Mann**, wenig später

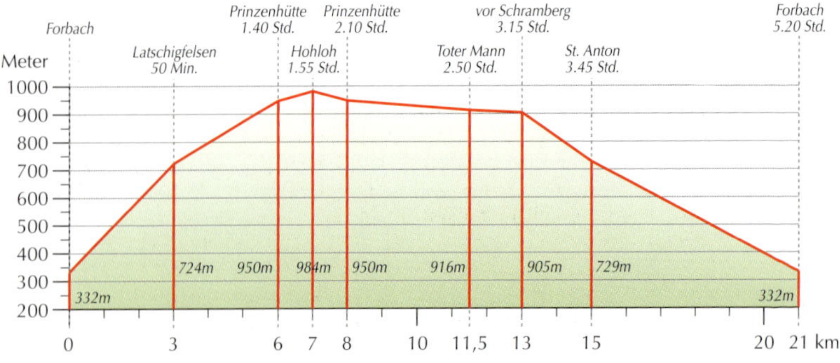

12

Badener Höhe

kreuzt am **Schramberg** ein mit dem Zeichen blaue Raute markierter Zugangsweg: Ihm folgen wir rechts hinab zum **Forsthaus Sankt Anton**, wo Schutzhütte und Grillplatz zur Rast laden.
Nun folgen wir der Raute recht steil im **Brittelbachtal** hinab ins Sasbachtal und wandern in diesem lieblichen Heuhüttental weiter abwärts ins Murgtal, wo unser Zugangsweg auf den Murgtal-Radweg mündet: Auf ihm geht es rechts zurück zum Bahnhof **Forbach**.

Heuhüttentäler – wie in den Alpen

nach Das Kauersbach- und das Sasbachtal mit ihren Wiesen, Steinwällen und Hütten sind zwei typische Heuhüttentäler, die es außerhalb der Alpen nur hier in den Seitentälern des Murgtals im Raum Forbach und Gernsbach gibt. Die Steine wurden auf den Wiesen zusammengelesen und am unteren Ende des Grundstücks zu Steinriegeln aufgeschichtet.
Um kein kostbares Wiesengelände zu verschenken, wurden die Heuscheuern in mühsamer Handarbeit direkt auf die Steinriegel gebaut. Der Überlieferung wurden die Heuhütten mit Tiroler Auswanderern wahrscheinlich nach dem Dreißigjährigen Krieg im Murgtal heimisch, 1683 werden die Heuhütten erstmals urkundlich erwähnt.
Um 1900 erreichte ihre Zahl den Höchststand, ab 1970 wurden viele mit dem rapiden Abbau des Viehbestands in Gausbach der Verwilderung preisgegeben.

13 Zur Badener Höhe

Großartiges Panorama: Schwarzenbachtalsperre – Herrenwieser See – Badener Höhe – Kurhaus Sand – Herrenwies – Schwarzenbachtalsperre

Vom größten Stausee im Nordschwarzwald wandern wir hinauf zum Herrenwieser See. Dort beginnt ein steiler, aussichtsreicher Felssteig, auf dem wir die Badener Höhe erreichen. Nach dem bequemen Abstieg zum Kurhaus Sand geht es zurück durch das naturschöne Schwarzenbachtal. Abkürzungsmöglichkeit: Das Kurhaus Sand ist auch mit dem Bus erreichbar.

mittel

21 km

5½ Std.

▶ **Tourencharakter:** Bequeme Waldwanderung mit Ausnahme des steilen, felsigen, Trittsicherheit erfordernden Aufstiegs vom Herrenwieser See auf die Badener Höhe.
▶ **Beste Jahreszeit:** Frühjahr bis Herbst; nicht bei Schneelage.
▶ **Ausgangs-/Endpunkt:** Bushaltestelle und Parkplätze an der Schwarzenbachtalsperre.
▶ **Wanderkarte:** Schwarzwaldvereins-Wanderkarte 1:50000 Blatt 2 Baden-Baden/Hornisgrinde (Landesvermessungsamt Baden-Württemberg) oder Atlasco-Wanderkarte 1:30000 Blatt 229 Baden-Baden und Umgebung.
▶ **Markierung:** Blaue Raute, rote Raute (Westweg) und namentliche Ausschilderungen.
▶ **Verkehrsanbindung:** S-Bahn S 41 Rastatt – Gaggenau – Gernsbach – Freudenstadt bis Forbach-Raumünzach, dort Bus 246 zur Schwarzenbachtalsperre. Autoanfahrt auf der A 5 Basel – Karlsruhe Ausfahrt Rastatt, dann auf der B 462 durch das Murgtal nach Forbach und in Forbach-Raumünzach abzweigen zur Schwarzenbachtalsperre an der Straße Richtung Schwarzwaldhochstraße.
▶ **Einkehr:** Schwarzenbachtalsperre, Sand, Herrenwies.
▶ **Tourist-Info:** Tourist-Info Forbach, Landstraße 27, 76596 Forbach, www.forbach.de; Tourist-Information Baden-Baden, Schwarzwaldstraße 52, 76530 Baden-Baden, www.baden-baden.de

Der Wegverlauf

Beim Hotel **Schwarzenbach** überqueren wir mit schönem Blick auf die Badener Höhe die **Schwarzenbachtalsperre** und zweigen links auf den bequemen Seeuferweg ab, wobei die Westweg-Zugangsmarkierung blaue Raute die Route weist.
Wo der Seebach in den Stausee mündet, folgen wir der blauen Raute im Seebachtal rechts hinauf und befinden uns bald auf dem mit dem Zeichen rote Raute markierten Westweg (E 1), der an einer Brücke in das Seebachtal wechselt. An der Brücke wechseln wir auf dem Westweg ans gegenüberliegende Ufer des

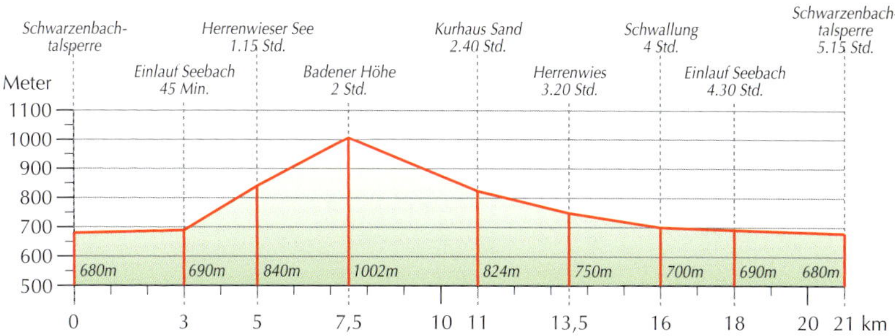

Seebachs und wandern neben dem rauschenden Bach weiter aufwärts, bis der Westweg links hinauf schwingt und den **Herrenwieser See** erreicht.

An seinem Ostufer laden an der Abzweigung des Promenadenwegs Richtung Schwarzenbachtal eine Schutzhütte und Bänke zur Rast, während der Westweg auf einem steilen, felsigen Steig hinauf zum **Zweiseenblick** führt, einem Aussichtsfelsen mit atemberaubendem Tiefblick auf den Herrenwieser See und den Schwarzenbachstausee.

Wenig später passieren wir den **Bussemer-Stein** und erreichen den **Friedrichsturm** auf der **Badener Höhe**. Die Badener Höhe bildet mit 1002 m den höchsten Punkt des Stadtgebiets von Baden-Baden. Der 30 m hohe, 1891 eröffnete und 2003 nach grundlegender Sanierung und Erneuerung als Aussichtsturm wieder eröffnete Friedrichsturm bietet ein Panorama bis hin zu den Vogesen; benannt ist er nach Großherzog Friedrich I. von Baden, der 1852–1907 regierte.

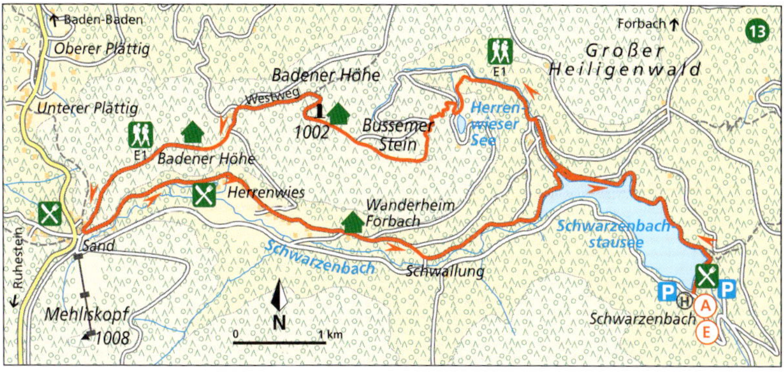

13

Herrenwieser See

Als einer der schönsten Karseen im Nordschwarzwald steht der Herrenwieser See als Naturdenkmal unter Schutz.
Der bis zu 9,5 m tiefe See, auf dem an Mittsommer Seerosen ihre Blüten entfalten, liegt auf einer Höhe von 834 m und hat eine Fläche von 1,8 ha.
Die Karwand, die ihn überragt, ist mit 170 m die höchste im Nordschwarzwald

Von der Badener Höhe führt der Westweg abwärts im Wald zum **Herrenwieser Sattel**, passiert wenig später das Naturfreundehaus Badener Höhe und erreicht schließlich das **Kurhaus Sand** an der Schwarzwaldhochstraße.
Am Kurhaus verlassen wir den Westweg und biegen links auf den mit der blauen Raute markierten Westweg-Zugangsweg Richtung Herrenwies ab: Anfangs im Wald, dann mit prachtvoller Aussicht führt er durch den Hang des Schwarzenbachtals nach **Herrenwies**, wo am Waldsaum das Café-Restaurant Waldesruh zur Einkehr lädt, dahinter sehen wir die gotische Kirche.
Der 90-Seelen-Ort Herrenwies auf einer Rodung in den Hängen des Schwarzenbachtals zählt zu den schönstgelegenen Feriendörfern im Nordschwarzwald und ist dank seiner Höhenlage für Familien mit Kindern der beliebteste Ausgangspunkt für Wanderungen zum Herrenwieser See und zur Badener Höhe. An der gotischen Kirche beginnt ein Walderlebnispfad (1,5 km), der für Kinder im Grundschulalter angelegt wurde.
Bald taucht der bequeme Weg wieder in den Wald ein, und wenn die blaue Raute bald nach Passieren des Wanderheims Forbach links hinauf zum Herrenwieser See abzweigt, zweigen wir ab Richtung **Große Schwallung** und wechseln an dieser historischen Stauvorrichtung auf den Seerundweg: Er führt zurück zum **Schwarzenbachstausee** und zur **Talsperre**.

Schwarzenbachtalsperre

Die 1923–26 erbaute Schwarzenbachtalsperre staut den Schwarzenbach zum größten See des Nord- und Mittelschwarzwalds auf.
Das Wasser aus dem 2 km langen Stausee wird in unter- und oberirdischen Druckrohren in das Elektrizitätswerk nach Forbach geleitet. Wegen seiner idyllischen Lage ist der 70 ha große See ein beliebtes Ausflugsziel.
Beim Hotel-Restaurant »Schwarzenbach« befindet sich an der Staumauer ein Bootsverleih.

Von Bühlertal zu den Gertelbachfällen

14

Wasserfälle und großartige Aussichtsfelsen: Bühlertal – Gertelbachschlucht – Wiedenfelsen – Falkenfelsen – Kohlbergwiese – Bühlertal

Der Gertelbach-Rundweg zu den Gertelbach-Wasserfällen, zum aussichtsreichen Wiedenfelsen und zum Falkenfelsen zählt zu den abwechslungsreichsten und urtümlichsten im mittleren Schwarzwald.

▶ **Tourencharakter:** In der Gertelbachschlucht ist festes Schuhwerk erforderlich, ansonsten folgt die Wanderung überwiegend bequemen Waldwegen.
▶ **Beste Jahreszeit:** Frühjahr bis Herbst; nicht bei Schneelage.
▶ **Ausgangs-/Endpunkt:** Wanderparkplatz Gertelbach am oberen Ortsausgang von Bühlertal, ausgeschildert an der Sandstraße Richtung Sand/Schwarzwaldhochstraße.
▶ **Wanderkarte:** Schwarzwaldvereins-Wanderkarte 1:50 000 Blatt 2 Baden-Baden/Hornisgrinde (Landesvermessungsamt Baden-Württemberg) oder Atlasco-Wanderkarte 1:30 000 Blatt 278 Schwarzwaldhochstraße.
▶ **Markierung:** Blaue Raute, weißer Punkt und namentliche Ausschilderungen.
▶ **Verkehrsanbindung:** Bus Bühl – Bühlertal – Sand. Autoanfahrt auf der A 5 Frankfurt – Basel Ausfahrt Bühl und weiter Richtung Bühlertal/Schwarzwaldhochstraße.
▶ **Einkehr:** Wiedenfelsen (saisonal), Kohlbergwiese.
▶ **Tourist-Info:** Verkehrsverein Bühlertal, Hauptstraße 92, 77830 Bühlertal, www.buehlertal.de

mittel
10 km
2½ Std.
ja

Der Wegverlauf

Vom Wanderparkplatz Gertelbach führt die Markierung blaue Raute aufwärts im Wiedenbachtal und zweigt beim Haus Gertelbach rechts in die urtümliche **Gertelbachschlucht** ab. Ruhebänke laden dazu ein, die Kaskaden des Bachs unter dem Blätterdach des Walds zu betrachten, der höchste Wasserfall befindet sich an der **Gertelbachhütte**. An dieser Schutzhütte verlässt der Rundweg gelber Punkt das Tal links hinaus, während wir den Markierungen weißer Punkt und blaue Raute längs des Bachs weiter aufwärts folgen, bis sich der Pfad am oberen Ende der Wasserfälle in Serpentinen zum Wiedenfelsen hinaufschraubt. Auf dem **Wiedenfelsen** öffnet sich ein fantastischer Blick über Bühlertal und die Schwarzwald-Vorberge

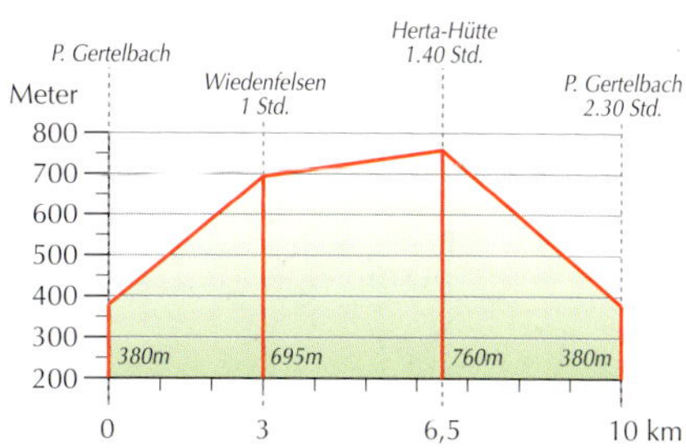

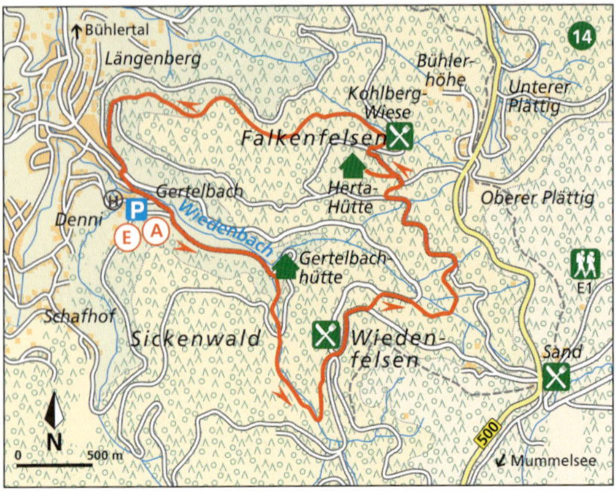

hinweg auf das Rheintal und bei klarem Wetter bis zu den Vogesen im Elsass. Von der Bushaltestelle am Wiedenfelsen kann man nach Bühlertal zurückfahren. Vom Wiedenfelsen folgt der Rundweg weißer Punkt kurz der Straße aufwärts und wechselt dann links in den Hang des Wiedenbachtals.

Auf meist ebenen Pfaden und Wegen geht es durch den Wald, bis zuletzt nach einem kurzen Anstieg die **Herta-Hütte** (Schutzhütte) auf der beeindruckenden Felsformation der **Falkenfelsen** erreicht ist. Für Wanderer zugänglich ist ein geländergesicherter Ausläufer, der sich 45 m senkrecht aus dem Wald erhebt und das wohl beste Panorama des Wiedenbachtals mit seinen Felsen und Schluchten sowie des von der Bühlot durchflossenen Luftkurorts Bühlertal und seiner Weinberge gewährt. An klaren Tagen schweift der Blick über die Rheinebene hinweg bis zu den Vogesen. Die Herta-Hütte, ein Schutzhüttenpavillon, lädt zur Rast, gleich in der Nähe kann man im Waldgasthaus **Kohlbergwiese** einkehren. Am Waldgasthaus beginnt der Abstieg, wobei der Rundweg im weiteren Verlauf noch eine ganze Reihe herrlicher Ausblicke bietet, ehe der Wanderparkplatz Gertelbach wieder erreicht ist.

Auf dem Pfad zur Herta-Hütte

Über die Hornisgrinde zum Mummelsee

15

Aussicht auf den höchsten Nordschwarzwaldberg: Kurhaus Sand – Hundseck – Hochkopf – Unterstmatt – Ochsenstall – Hornisgrinde – Mummelsee

Vom Kurhaus Sand führt der Westweg parallel zur Schwarzwaldhochstraße über aussichtsreiche Kuppen und durch Wald zur Hornisgrinde, dem höchsten Berg des Nordschwarzwalds, und zum sagenumwobenen Mummelsee. Da die Route die Schwarzwaldhochstraße an Bushaltestellen mehrfach tangiert, lässt sie sich beliebig verkürzen.

▶ **Tourencharakter:** Wald- und Panoramawanderung auf bequemen Wegen und schmalen Pfaden, festes Schuhwerk empfehlenswert.
▶ **Beste Jahreszeit:** Frühjahr bis Herbst; nicht bei Schneelage.
▶ **Ausgangspunkt:** Bushaltestelle und Parkplätze am Kurhaus Sand in Bühl-Sand an der Schwarzwaldhochstraße an der Kreuzung mit der Passstraße von Bühlertal nach Forbach/Murgtal.
▶ **Endpunkt:** Bushaltestelle am Mummelsee (Gemeinde Seebach). Die Rückfahrt vom Mummelsee zum Kurhaus Sand dauert etwa 20 Minuten, die Busse fahren alle 30 Minuten bzw. im Stundentakt.
▶ **Wanderkarte:** Schwarzwaldvereins-Wanderkarte 1:50000 Blatt 2 Baden-Baden/Hornisgrinde (Landesvermessungsamt Baden-Württemberg) oder Atlasco-Wanderkarte 1:30000 Blatt 278 Schwarzwaldhochstraße.
▶ **Markierung:** Rote Raute (Westweg) und namentliche Ausschilderungen.
▶ **Verkehrsanbindung:** Das Kurhaus Sand an der Schwarzwaldhochstraße B 500 ist mit dem Bus von Baden-Baden, von Bühl bzw. Bühlertal und von Forbach-Raumünzach (S-Bahnhof der Murgtalbahn) erreichbar.
▶ **Einkehr:** Kurhaus Sand in Bühl-Sand, Höhengaststätte Hundseck in Bühl-Hundseck, Höhenhotel Unterstmatt in Bühl-Unterstmatt, Wanderheim Ochsenstall, Mummelsee.
▶ **Tourist-Info:** Tourist-Information Bühl, Hauptstraße 92, 77815 Bühl/Baden, www.buehl.de; Verkehrsverein Bühlertal, Hauptstraße 92, 77830 Bühlertal, www.buehlertal.de; Tourist-Information Seebach, Ruhesteinstraße 21, 77889 Seebach, www.seebach.de

mittel
km 13 km
3 1/4 Std.
ja

Der Wegverlauf

Gegenüber vom **Kurhaus Sand** queren wir die Richtung Herrenwies hinabführende Straße und folgen dem Westweg (Markierung rote Raute) parallel zur Schwarzwaldhochstraße südwärts. Nach 500 m lohnt der Abstecher zum Mehliskopfturm: Wir verlassen den Westweg halb links (Markierung 31), wandern zu einer Skipistenwiese hinauf und werden dort rechts in ein Waldstück hineingeführt, an dessen Ende der restaurierte **Mehliskopf-**

15

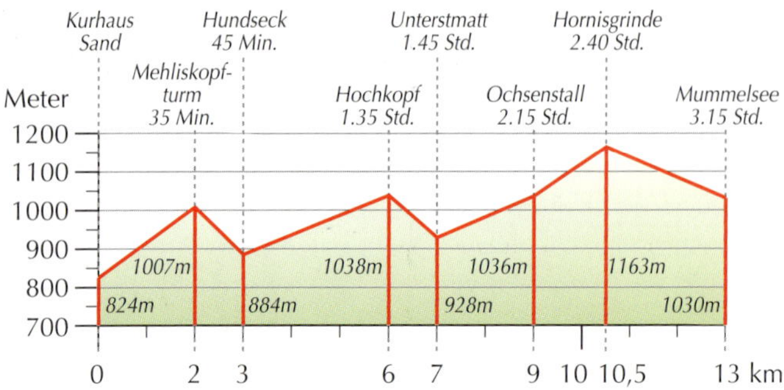

Der Mummelsee

Benannt ist der nahezu kreisrunde, mit 1029 m höchstgelegene und mit knapp 18 m tiefste Karsee des Gebirges nach den »Mummel«, Teichrosen, die zur Mittsommerzeit ihre gelben Blüten entfalten. Der Name »Mummel« bezieht sich auf die Seerosengewächse ebenso wie auf geisterhaften Wesen, die als in der Tiefe des Sees lebend gedacht wurden. Auch auf Usedom gibt es einen solchen See: »Mümmelkensee«.

rechts: Von der Hornisgrinde aus lässt sich der gesamte Nordschwarzwald überblicken

turm eine beachtliche Aussicht gewährt. Vom Turm geht es hinab zur Höhengaststätte **Hundseck** an der Schwarzwaldhochstraße, wo wir den Westweg wieder erreichen. Vom Hundseck führt der Westweg aufwärts in den Wäldern des **Riesenkopfs** und erreicht mit dem **Hochkopf** den ersten Panoramagipfel des Grindenschwarzwalds; die teilweise vermoorten »Grinden« wurden früher als Viehweiden genutzt.

Das Hotel-Restaurant am Mummelsee

Nach dem Abstieg zum Höhenhotel **Unterstmatt**, wo der Westweg wieder die Schwarzwaldhochstraße tangiert, geht es auf schmalen Pfaden und Bohlenstegen durch Nadelwald zum Ski- und Wanderheim **Ochsenstall**. Recht steil führt die Westweg-Raute nun auf die baumlose, aussichtsreiche **Hornisgrinde**. Am südlichen Ende des weitläufigen Gipfelplateaus führt der Westweg steil und anfangs mit hervorragender Aussicht hinab zum **Mummelsee**, einem der schönsten (und meistbesuchten) Seen des Schwarzwalds.

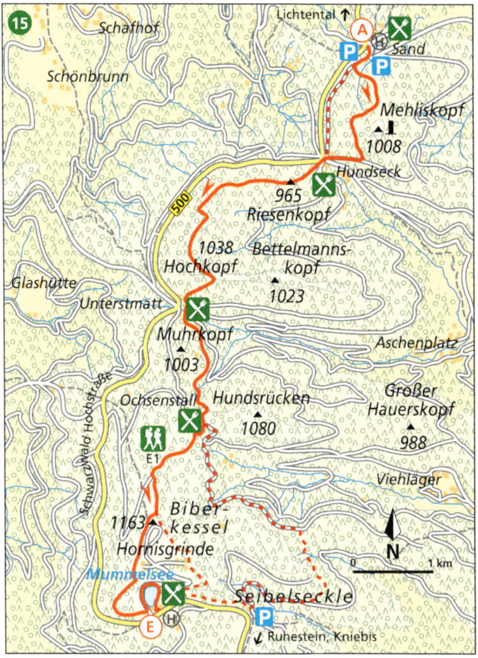

16 Von Huzenbach nach Klosterreichenbach

Teichrosenromantik über dem oberen Murgtal: Huzenbach – Huzenbacher See – Steinmäuerle – Klosterreichenbach

Der Huzenbacher See zählt während der Teichrosenblüte von Ende Juni bis August zu den schönsten Wanderzielen im Nordschwarzwald. Nach dem prachtvollen Tiefblick auf diesen Karsee gelangen wir auf Waldwegen hoch über dem oberen Murgtal in das Klosterdorf Klosterreichenbach.

mittel

16 km

4 Std.

ja

▶ **Tourencharakter:** Bequeme Waldwanderung, lediglich der kurze Aufstieg zum Seeblick ist steil und steinig.
▶ **Beste Jahreszeit:** Frühjahr bis Herbst; nicht bei Schneelage.
▶ **Ausgangspunkt:** S-Bahn-Haltestelle Huzenbach an der S 41 Rastatt – Baiersbronn – Freudenstadt (Murgtal-Bahn).
▶ **Endpunkt:** S-Bahn-Haltestelle Klosterreichenbach an der S 41 Rastatt – Baiersbronn – Freudenstadt (Murgtal-Bahn).
▶ **Wanderkarte:** Schwarzwaldvereins-Wanderkarte 1:50 000 Blatt 3 Wildbad/Freudenstadt (Landesvermessungsamt Baden-Württemberg) oder Atlasco-Wanderkarte 1:30 000 Blatt 234 Freudenstadt/Baiersbronn.
▶ **Markierung:** Blaue Raute und namentliche Ausschilderungen.
▶ **Verkehrsanbindung:** S 41 (Murgtal-S-Bahn) Rastatt – Baiersbronn – Freudenstadt. Anfahrt auf der A 5 Basel – Karlsruhe Ausfahrt Rastatt, weiter auf der B 462 Richtung Freudenstadt.
▶ **Einkehr:** Huzenbach, Klosterreichenbach.
▶ **Tourist-Info:** Baiersbronn Touristik, Rosenplatz 3, 72270 Baiersbronn, www.baiersbronn.de

Der Wegverlauf

Bei der S-Bahn-Haltestelle **Huzenbach** überqueren wir die Murg und folgen der Markierung blaue Raute durch das Seebachtal Richtung Huzenbacher See. Anfangs ist das Tal offen und weit, schon bald rücken die Talflanken zusammen, und an die Stelle

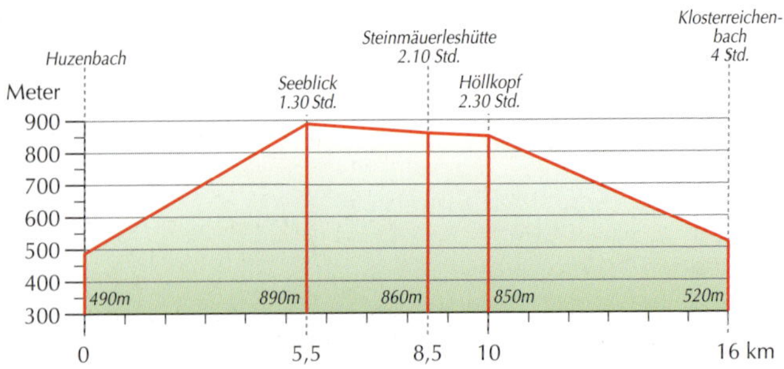

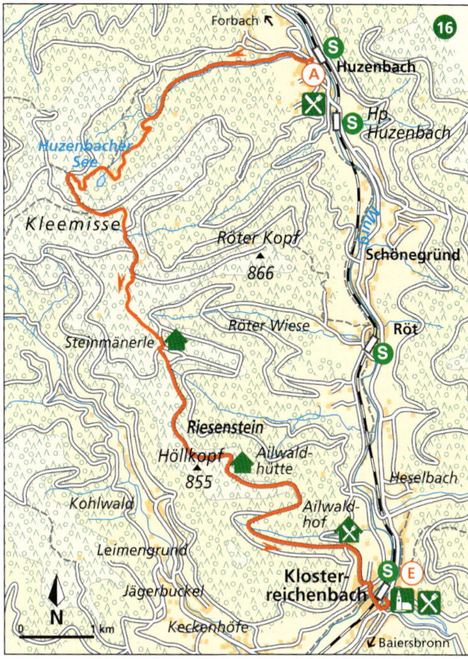

blumenreicher Wiesen treten Wälder. In diesen Wäldern öffnet sich zuletzt fast unvermittelt der Blick auf den **Huzenbacher See**.
Nach Überqueren der Holzbrücke über den Seebach leitet die blaue Raute in recht steilem Anstieg auf einem Fels- und Wurzelpfad links hinauf, mündet schließlich auf einen Forstweg, und auf diesem geht es links zu den Sitzbänken am **Seeblick**. Hier bietet sich an der geländergesicherten oberen Kante der Karwand ein fantastischer Tiefblick auf den waldumgebenen See mit seinen Schwingrasen, während sich am Horizont die bewaldeten Bergrücken des nordöstlichen Schwarzwalds jenseits des Murgtals zeigen.
Von der Aussichtsstelle führt die blaue Raute durch die Schonwälder der vermoorten Hochfläche **Kleemisse** zu einer Verzweigung oberhalb des nächsten Kars; hier kann man Richtung Röt (Haltestelle der Murgtal-S-Bahn) abzweigen und hört schon bald, wie nach starken Niederschlägen der Dobelbach als Wasserfall durch die Karwand tost. Da wir nach Klosterreichenbach wollen, folgen wir der blauen Raute weiter oben durch den Wald und gelangen an der **Steinmäuerleshütte** (Schutzhütte) vorbei auf den **Höllkopf**, wo an

Huzenbacher See

Der 2,7 ha große, sagenumwobene Karsee wird von einer 160 m hohen Felswand überragt; wegen des außergewöhnlichen Pflanzenreichtums zählen der See, die Uferbereiche und die bewaldete Karwand, die wegen ihrer Steilheit und ihres Blockreichtums nicht bewirtschaftbar ist, aus botanischer Sicht zu den Kleinodien des Nordschwarzwalds. Die auffälligste Pflanze auf den aus Torfmoosen gebildeten Schwingrasen, die das Ufer säumt, ist das Wollgras. Wie andere Karseen wurde der Huzenbacher See in vergangenen Jahrhunderten als Schwallwasser für die Holztrift genutzt. Bei einer dieser Aufstauungen löste sich ein Teil des Schwingrasens vom Ufer, seither liegt er wie eine Insel auf dem Wasser.

16

Die Murg war ein wichtiger Wasserweg für die Flößer.

der **Ailwaldhütte** der Abstieg beginnt. Beim **Hirschgehege** in der Nähe des Naturressorthotels **Ailwaldhof** treten wir aussichtsreich aus dem Wald und wandern hinab zur weithin sichtbaren ehemaligen Klosterkirche in **Klosterreichenbach**.

Zu den Resten des ehemaligen Klosters zählen Teile der evangelischen Pfarrkirche, die ab 1082 als Klosterkirche errichtet worden war; heute finden in ihr u. a. Konzerte statt. In unmittelbarer Nachbarschaft der Kirche befindet sich die Haltestelle der Murgtal-S-Bahn.

Holztrift

Bis ins 20. Jahrhundert wurden im Schwarzwald die in den Bergwäldern geschlagenen Baumstämme auf dem Wasserweg zu Tal befördert. Während das Holz auf den breiten Flüssen des tiefer gelegenen Landes geflößt werden konnte – die gefällten Baumstämme wurden zu Flößen zusammengebunden –, mussten die Stämme in den Bergen einzeln in die schmalen Bachläufe geworfen werden. Da die steinigen Bergbäche oft zu wenig Wasser führten, wurden viele Karseen durch einen Damm aufgestaut, das gestaute Wasser wurde während der Holztrift in kurzer Zeit abgelassen, und auf diese Weise entstand ein kleiner Hochwasserschwall, der es ermöglichte, den Bächen genügend Wasser für die Trift zuzuführen. An den weiter unten gelegenen Sammelstellen wurden die Stämme dann aus dem Wasser geholt. Das Zeitalter der Holztrift endete mit dem Aufkommen leistungsstarker Lastkraftwagen.

Dreiseenwanderung bei Baiersbronn

17

Über den Kniebis: Buhlbachsaue – Buhlbachsee – Alexanderschanze – Kniebis – Ellbachseeblick – Sankenbachfälle – Baiersbronn

Mit dem Buhlbach-, dem Ellbach- und dem Sankenbachsee berührt diese Wanderung drei der schönsten Karseen am Kamm des Nordschwarzwalds im Quellgebiet der Murg und bietet einen reizvollen Wechsel von Wäldern, Tälern, Seen und Wasserfällen.

▶ **Tourencharakter:** Fast durchgehend gut begehbare Wege, der Aufstieg zur Zuflucht ist steil, der kurze Abstieg neben dem Sankenbachfall sehr steil und steinig.
▶ **Beste Jahreszeit:** Frühjahr bis Herbst.
▶ **Ausgangspunkt:** Bushaltestelle und Parkplätze in Baiersbronn-Buhlbachsaue. Buslinie 21 Freudenstadt – S-Bahnhof Baiersbronn – Buhlbach (fährt Mo – Fr, an Wochenenden und an Feiertagen als Freizeitbus)
▶ **Endpunkt:** S-Bahnhof Baiersbronn.
▶ **Wanderkarte:** Schwarzwaldvereins-Wanderkarte 1:50000 Blatt 3 Wildbad/Freudenstadt (Landesvermessungsamt Baden-Württemberg) oder Atlasco-Wanderkarte 1:30000 Blatt 234 Freudenstadt/Baiersbronn.
▶ **Markierung:** Blaue Raute, rote Raute (Westweg) und namentliche Ausschilderungen.
▶ **Verkehrsanbindung:** Anfahrt auf der A 5 Basel – Karlsruhe Ausfahrt Rastatt, weiter auf der B 462 Richtung Freudenstadt. S 41 (Murgtal-S-Bahn) Rastatt – Baiersbronn – Freudenstadt.
▶ **Einkehr:** Alexanderschanze, Kniebis, Baiersbronn.
▶ **Tourist-Info:** Baiersbronn Touristik, Rosenplatz 3, 72270 Baiersbronn, www.baiersbronn.de; Gäste-Büro Freudenstadt, Marktplatz 64, 72250 Freudenstadt, www.freudenstadt.de

mittel

20 km

5 Std.

Der Wegverlauf

In **Buhlbachsaue** an der Mündung des Buhlbachs in die Rechtmurg führt die Markierung blaue Raute aufwärts im **Buhlbachtal** auf einem fahrradfähigen Forstweg, den auch der Mountainbikeweg Schwarzwald (rote Raute) benutzt. An der **Bärenteichhütte** zweigt der Mountainbikeweg links ab, während wir im Wald- und Wiesental weiter aufwärts wandern zum **Buhlbachsee**, an dem die **Seehütte** zur Rast lädt.

Vom Buhlbachsee gehen wir kurz zurück und folgen dann der blauen Raute steil rechts hinauf zur **Zuflucht** (Jugendherberge) an der Schwarzwaldhochstraße. Bei der Jugendherberge mündet der Zugangsweg auf den Westweg (rote Raute), dem wir parallel zur Schwarzwaldhochstraße zur **Alexanderschanze** folgen. Während der Westweg an der Alexanderschanze auf den Rücken zwischen den Tälern von Wolf und Wilder Rench wechselt, folgen wir der

17

Buhlbachsee

Der verträumte Buhlbachsee ist ein Karsee in einem tief eingekerbten Talkessel in der Ostflanke des Nordschwarzwald-Hauptkamms. Seine Besonderheit ist der inselartig auf dem Wasser liegende Schwingrasen; er löste sich vom Boden, als vermutlich im 19. Jahrhundert Flößer den damals fast völlig verlandeten See aufstauten, um das Wasser als Schwallwasser für die Holztrift zu nutzen. Neben seltenen Torfmoosen wachsen auf dem Schwingrasen das Wollgras und der »Fleisch fressende« Sonnentau. Seit der Wiederherstellung der Stauvorrichtung 1949/50 ist der Buhlbachsee 2,7 ha groß und bis zu 8 m tief.
Im Sommer besucht man ihn am besten früh am Morgen, dann ist die Stimmung dank des einfallenden Morgenlichts am schönsten.

blauen Raute auf dem Kniebis weiter in das ehemalige Grenzdorf **Kniebis**, das seit 1975 einschließlich seines früher badischen Teils zur württembergischen Kreisstadt Freudenstadt gehört und Luftkurort und Wintersportplatz ist. Weiter der blauen Raute folgend, queren wir schon am Anfang des Dorfs Kniebis die Schwarzwaldhochstraße und wandern weiter Richtung Baiersbronn.
Schon bald ist der sehenswerte **Ellbachseeblick** ausgeschildert: Fast unvermittelt fällt der Blick hinab auf den verlandeten Karsee. Der sagenumwobene Ellbachsee ist ein Karsee in der Nordflanke des Kniebismassivs. Überragt wird er von einer 140 m hohen Karwand, in der urtümliche Tannen-Fichten-Wälder wachsen, während ihn zum Ausfluss hin sichelförmige Moränen flankieren. Auch das Wasser des Ellbachsees wurde früher als Schwallwasser zur Holztrift benutzt, heute ist der als Naturdenkmal ausgewiesene, nur 2 m tiefe See zum größten Teil von einem Schwingrasen bedeckt, die sichtbare Wasserfläche ist nur 0,5 ha groß. Vom Ellbachseeblick kehren wir zurück zum Wanderweg

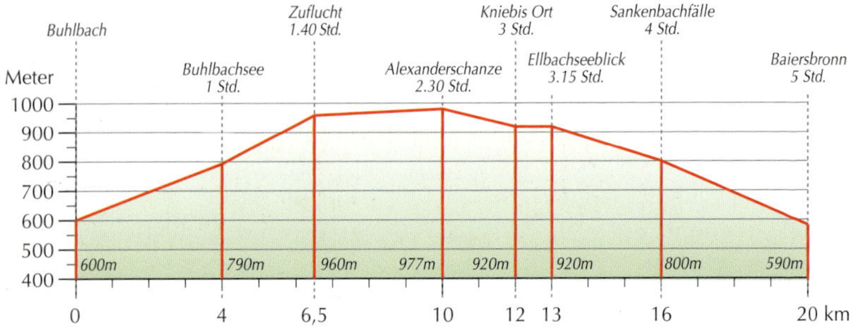

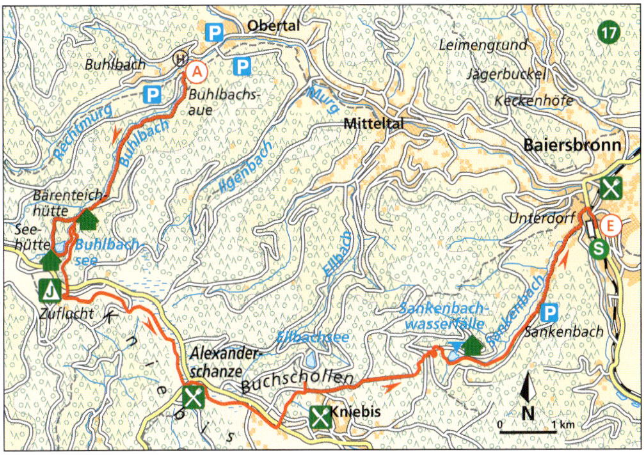

17

blaue Raute und folgen ihm auf dem Buchschollenweg weiter Richtung Baiersbronn – Wasserfälle. Von der **Wasserfallhütte** geht es kurz steil hinab neben dem **Sankenbach-Wasserfall**. Unterhalb des Wasserfalls lädt am **Sankenbachsee** eine Grillhütte zum Verweilen ein. Vom See führt die blaue Raute durch Sankenbachtal zu unserem Ziel, dem S-Bahnhof **Baiersbronn**.

Gehört zu einer Schwarzwaldwanderung dazu: eine Rast im Schatten der Bäume.

18 Wildseeblick und Ruhestein

Durch die aussichtsreiche Grinde: Mummelsee – Seibelseckle – Eutinggrab – Ruhestein

Diese bequeme, landschaftlich hervorragende Wald- und Aussichtswanderung führt auf dem Westweg durch das Naturschutzgebiet »Wildsee-Hornisgrinde« zum Naturschutzzentrum Ruhestein.

leicht
8 km
2 Std.
ja

▶ **Tourencharakter:** Bequeme Wald- und Aussichtswanderung auf zum Teil wurzeligen und feuchten Wegen.
▶ **Beste Jahreszeit:** Frühjahr bis Herbst.
▶ **Ausgangspunkt:** Bushaltestelle und Parkplatz am Mummelsee an der Schwarzwaldhochstraße.
▶ **Endpunkt:** Bushaltestelle und Parkplatz Ruhestein an der Schwarzwaldhochstraße.
▶ **Wanderkarte:** Wanderkarte 1:50000 Blatt 2 Baden-Baden Hornisgrinde (Landesvermessungsamt Baden-Württemberg) oder Atlasco-Wanderkarte 1:30000 Blatt 278 Schwarzwaldhochstraße.
▶ **Markierung:** Rote Raute und namentliche Ausschilderungen.
▶ **Verkehrsanbindung:** Schwarzwaldhochstraße B 500. Busverkehr ab Seebach, Baden-Baden usw.
▶ **Einkehr:** Seibelseckle, Darmstädter Hütte, Ruhestein.
▶ **Tourist-Info:** Tourist-Information Seebach, Ruhesteinstraße 21, 77889 Seebach, www.seebach.de; Baiersbronn Touristik, Rosenplatz 3, 72270 Baiersbronn, www.baiersbronn.de

Der Wegverlauf

Vom **Mummelsee** führt der mit dem Zeichen rote Raute markierte Westweg parallel zur Schwarzwaldhochstraße im Wald hinab zur Rasthütte am **Seibelseckle** (Bushaltestelle), einem Alpin-Skizentrum mit Lift und Flutlichthang am Schwarzkopf. Im Sonnenhang des Schwarzkopfs führt der Westweg oberhalb der Schwarzwaldhochstraße weiter südwärts, wobei sich einige hervorragende Ausblicke ergeben. Am **Altsteigerskopf** gewinnt der Westweg an Höhe und tritt in der Nähe der **Darmstädter Hütte** (zur Einkehr: kurzer Abstecher, ausgeschildert) in das Naturschutzgebiet mit seinem charakteristischen Wechsel aus Grindenflächen und Wetterkiefern ein.

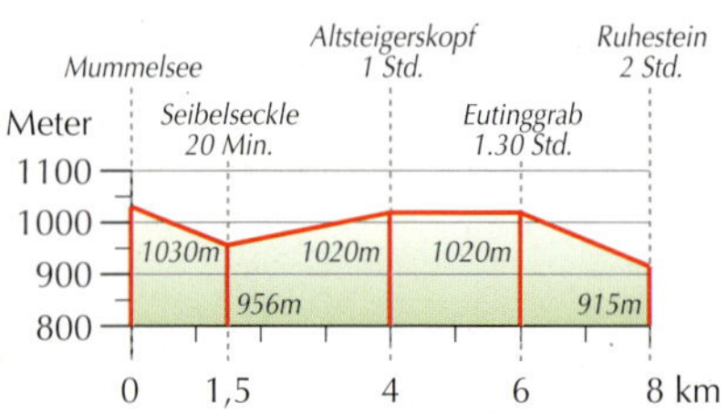

Bald nach Passieren der Abzweigung zur Darmstädter Hütte zweigt links ein mit dem Zeichen blaue

18

Naturschutzzentrum Ruhestein

Das Naturschutzzentrum bietet in einer Dauerausstellung faszinierende Einblicke in die Welt des Nordschwarzwalds und veranstaltet ganzjährig Exkursionen unter der Leitung von Biologen, Förstern oder dem Schliffkopf-Ranger: Morgenrot, Eulen, Vögel, Bannwald und Grinden, Wildnis, Sommerdämmerung, Hochmoor, Fledermäuse, Pilze – zu fast zahllosen Themen werden Exkursionen veranstaltet. Hinzu kommen Vorträge, Seminare und Tagungen sowie die Landschaftspflege. **Info:** Naturschutzzentrum Ruhestein, Schwarzwaldhochstraße 2, 77889 Seebach, www.naturschutzzentren-bw.de/ruhestein/

Raute markierter Waldpfad Richtung Falzhütte ab: Wer eine Rundwanderung unternehmen will, gelangt auf diesem Weg nach Hinter-Langenbach und durch das Kesselbachtal zurück zum Seibelseckle. Der Westweg führt geradeaus weiter zum **Eutinggrab**, wo sich eine herrliche Aussicht auf den unterhalb liegenden Wildsee bietet.

Bald nach Verlassen des Eutinggrabs passiert der Westweg die Abzweigung des Wanderwegs ins Murgtal und senkt sich dann in aussichtsreichen Skipistenwiesen hinab zum **Naturschutzzentrum Ruhestein**.

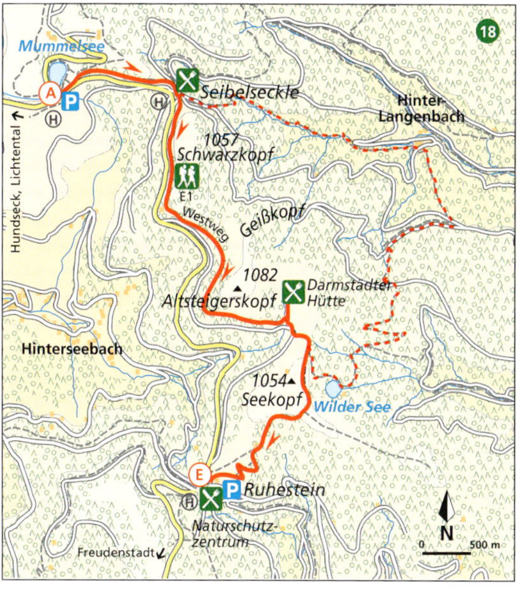

Vom Eutinggrab fällt der Blick hinab in das Waldseekar.

19 Von Oberkirch zu den Allerheiligenfällen

Wald, Aussicht, Wasserfälle: Oberkirch – Sohlberg – Allerheiligen – Allerheiligenfälle – Lierbachtal – Oppenau

Von der Weinstadt Oberkirch führt diese Wald- und Aussichtswanderung an den Ruinen der mächtigen Schauenburg vorbei zu den Klosterruinen von Allerheiligen, wo die Allerheiligenfälle eine der imposantesten Wasserfallstrecken im mittleren Schwarzwald bilden. Mit kleinen Kindern ist es am besten, am Wasserfall-Parkplatz unterhalb von Allerheiligen zu parken und längs der Wasserfälle zum ehemaligen Kloster hinaufzuwandern.

mittel

22 km

5½ Std.

▶ **Tourencharakter:** Wald- und Aussichtswanderung, für die festes Schuhwerk erforderlich ist.
▶ **Beste Jahreszeit:** Frühjahr bis Herbst.
▶ **Ausgangspunkt:** Bahnhof Oberkirch an der Renchtalbahn.
▶ **Endpunkt:** Bahnhof Oppenau an der Renchtalbahn.
▶ **Wanderkarte:** Wanderkarte 1:50000 Blatt 2 Baden-Baden Hornisgrinde (Landesvermessungsamt Baden-Württemberg) oder Atlasco-Wanderkarte 1:30 000 Blatt 233 Offenburg/Oberkirch.
▶ **Markierung:** Roter Ring, blaue Raute und namentliche Ausschilderungen.
▶ **Verkehrsanbindung:** Ausgangs- und Endpunkt liegen an der Renchtalbahn Appenweier – Oberkirch – Oppenau – Griesbach. Anfahrt auf der A 5 Basel – Karlsruhe Ausfahrt Appenweier und auf der B 28 weiter nach Oberkirch.
▶ **Einkehr:** Oberkirch, Schlosswirtschaft an der Schauenburg, Sohlberg/Wandersruh, Allerheiligen, Oppenau.
▶ **Tourist-Info:** Städtisches Verkehrsamt Oberkirch, Eisenbahnstraße 1, 777014 Oberkirch, www.oberkirch.de; Tourist-Information Oppenau, Allmendplatz 3, 77728 Oppenau, www.oppenau.de

Der Wegverlauf

Vom Bahnhof **Oberkirch** an die Eisenbahnstraße tretend, gehen wir geradeaus durch die als Fußgängerzone ausgewiesene Bahnhofstraße, biegen kurz nach Queren des Südrings rechts in die ebenfalls als Fußgängerzone ausgewiesene Apothekergasse ein und gelangen auf ihr zur Hauptstraße. Ihr folgen wir rechts zum Marktplatz und biegen kurz dahinter links in die Lindengasse ab, auf der wir zum Stadtgarten gelangen. Durch den **Stadtgarten** erreichen wir den Stadtteil Winterbach-**Höll** und folgen der Zielwegebeschilderung (Markierung roter Ring) hinauf zum **Schwalbenstein** (Husarendenkmal) und weiter zur Münsterblickhütte, wo wir auf die von der **Schauenburg** (Abstecher: 5 Min. steil) herabführende Zugangswegmarkierung blaue Raute treffen. Auf einem bequemen Hangweg leitet die blaue Raute im Wald zum **Simmersbacher Kreuz**, wo die **Grindenblickhütte** hoch über den Tälern von

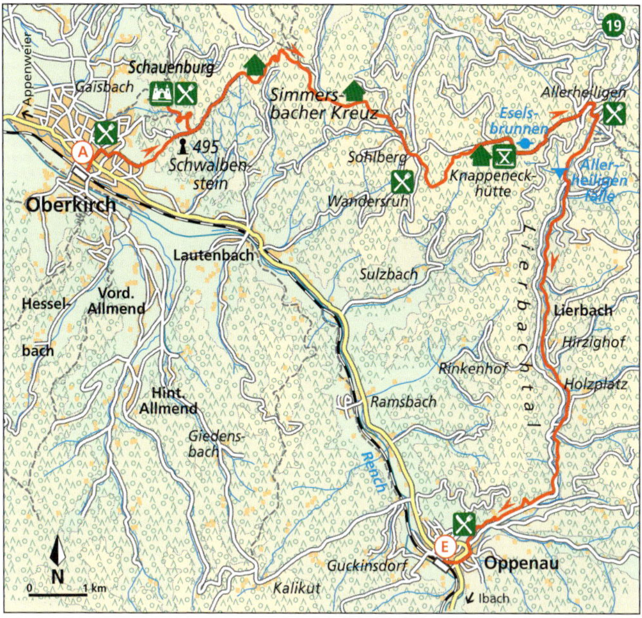

19

Acher und Rench zur Rast lädt, und weiter zum Parkplatz in **Lautenbach-Sohlberg**; hier lädt in der Nähe des Wegs das Berggasthaus **Wandersruh** zur Einkehr. Vom Parkplatz (auch vom Gasthaus ist der Weg ausgeschildert) geht es weiter zur **Knappeneckhütte**, einer Schutzhütte mit Grillplatz. Gleich darauf ist der legendenumwobenen **Eselsbrunnen** erreicht. Vom ehemaligen Kloster führt ein Steig an den **Allerheiligenfällen** vorbei talwärts. Am Parkplatz Allerheiligenfälle (Bushaltestelle) überqueren wir den Bach und die Straße und folgen dem mit dem Zeichen blaue Raute markierten Karl-Seith-Weg durch das **Lierbachtal** hinab nach **Oppenau**.

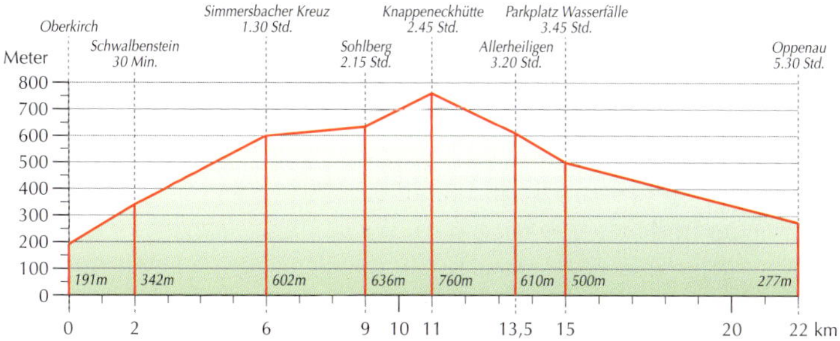

20 Von der Nordrach auf die Moos

Panoramagipfel im Westen des mittleren Schwarzwalds: Nordrach – Kornebene – Moosturm – Hilseck – Bärhag

Die Wanderung aus dem Nordrachtal zum Moosturm zählt zu den schönsten und aussichtsreichsten im mittleren Schwarzwald. Für Familien mit kleinen Kindern ist sie zu steil; sie starten am Parkplatz am Ende der zum Gasthaus Hoferer (Moosbach) führenden Stichstraße.

mittel

14,5 km

3½ Std.

▶ **Tourencharakter:** Anfangs sehr steile Wald- und Aussichtswanderung, für die festes Schuhwerk erforderlich ist.
▶ **Beste Jahreszeit:** Frühjahr bis Herbst.
▶ **Ausgangspunkt:** Pfarrkirche in Nordrach.
▶ **Endpunkt:** Bushaltestelle in Nordrach-Bärhag.
▶ **Wanderkarte:** Schwarzwaldvereins-Wanderkarte 1:50000 Blatt 4 Offenburg Hornberg (Landesvermessungsamt Baden-Württemberg) oder Atlasco-Wanderkarte 1:30000 Blatt 235 Lahr Haslach.
▶ **Markierung:** Muschel (Jakobsweg), rote Raute mit weißem K (Kandel-Höhenweg), blaue Raute auf gelbem Untergrund (Querweg) und namentliche Ausschilderungen.
▶ **Verkehrsanbindung:** A 5 Basel – Karlsruhe Ausfahrt Offenburg und auf der B 33 an Offenburg vorbei nach Biberach, dort weiter via Zell am Harmersbach nach Nordrach. Nordrach ist nicht an den öffentlichen Personennahverkehr angeschlossen. Das private Nordracher Bus- und Taxiunternehmen Schnurr, eines der ältesten in Baden, bedient die Linie Zell – Nordrach; Büro Nordrach Tel. 07838/241, Büro Zell am Harmersbach Tel. 07835/63880
▶ **Einkehr:** Nordrach, Naturfreundehaus Kornebene (bewirtschaftet an Wochenenden und in den Schulferien).
▶ **Tourist-Info:** Tourist-Info Nordrach, Im Dorf 26, 77787 Nordrach, www.nordrach.de; Tourist-Information Gengenbach, Im Winzerhof, 77723 Gengenbach, www.stadt-gengenbach.de

Der Wegverlauf

Ausgangspunkt ist die wie ein kleines Münster reich gegliederte neugotische **Nordracher Ulrichskirche** (1905) mit ihrem 63 m hohen Turm. Anders als die meisten Kirchen ist sie nicht geostet, sondern wegen des Flusslaufs im engen Nordrachtal nach Nordosten ausgerichtet. Von der Kirche gehen wir auf der Talstraße kurz aufwärts am Friedhof vorbei und folgen dann der Muschelmarkierung des Kinzigtäler Jakobswegs steil links hinauf, bis wir nach gut einer halben Stunde die Wegespinne im Sattel an der **Lärchenhütte** erreicht haben. Während der Jakobsweg sich nun nach Gengenbach hinabsenkt, folgen wir der K-Markierung des Kandel-Höhenwegs rechts über den aussichtsreichen **Katzen-**

stein zur Schutzhütte am **Pfaffenbacher Eck** (545 m); die drei »Friedenslinden« gegenüber der Hütte wurden nach dem Deutsch-Französischen Krieg 1870/71 gepflanzt. Der Kandel-Höhenweg führt weiter zum **Schnaitberg-Eck** und zum Naturfreundehaus auf der **Kornebene** (640 m); auf der bekanntesten Passhöhe zwischen Nordrach- und Haigerachtal plätschert ein erfrischender Brunnen, für Kinder gibt es einen Spielplatz, und in Zusammenarbeit mit der Forstverwaltung Gengenbach wurde im **Arboretum** ein Lehrpfad auf der durch den Orkan Lothar 1999 entstandenen Kahlfläche angelegt. Von der Kornebene führt der Kandel-Höhenweg bequem aufwärts zum **Geisschleifsattel** mit dem **Grimmelshausen-Denkmal** und zum **Moosturm**. Der Abstieg ab dem Geisschleifsattel erfolgt auf dem Querweg Gengenbach – Schapbach – Alpirsbach. Vom **Geisschleifsattel** führt der Querweg hinab zum Walderholungsplatz **Hilseck** mit Grillstelle, Brunnen, Spielplatz und Schutzhütte; unterhalb dieses

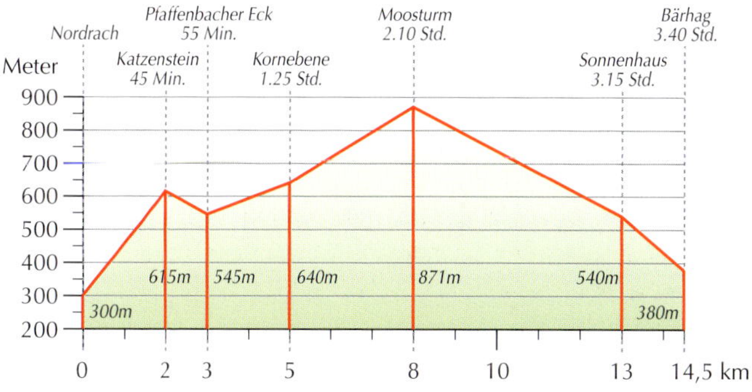

20

Gehöft im Tal der Nordrach

Platzes stand einst der Namen gebende Hilshof, dessen Grundmauern noch deutlich zu erkennen sind. Im weiteren Verlauf bietet der Querweg mehrfach wunderschöne Ausblicke ins Nordrachtal, passiert schließlich das **Wanderheim Sonnenhaus** (540 m) der Schwarzwaldvereins-Ortsgruppe Offenburg und senkt sich dann – zuletzt auf der Stichstraße – hinab zur Bushaltestelle in **Bärhag** im Nordrachtal.

Das Moos-Panorama

Die aussichtsreiche Hohe Moos mit dem Mooskopf (875 m) ist der Hausberg von Gengenbach, aber nicht nur aus dem Kinzigtal, sondern aus allen umliegenden Tälern – Renchtal, Haigertal, Nordrachtal – führen Wanderwege auf die waldfreie Kuppe, deren hervorragendes Panorama schon Johann Jakob Christoffel von Grimmelshausen in seinem Dreißigjährigen-Krieg-Roman »Simplicissimus« (1668/69) beschrieb.

Ein Gedenkstein am Geisschleifsattel (683 m) erinnert daran, dass der Titelheld von Grimmelshausens Roman eine Zeitlang als Einsiedler auf der Moos lebt. Um das von Grimmelshausen beschriebene Panorama auch bei Bewaldung erlebbar zu machen, ließ der Schwarzwaldverein 1890 den Moosturm errichten, einen 25 m hohen Aussichtsturm aus Sandstein.

Seit der Orkan Lothar an Weihnachten 1999 den Wald von der Moos fegte, ist der Aussichtsturm auf der kahlen Kuppe nun von allen Seiten und selbst vom Mont Sainte-Odile, vom Tænnchel und vom Grand Ballon in den Vogesen aus sichtbar: Bis dorthin reicht an klaren Tagen die Sicht, auch die Hornisgrinde und der Kniebis sind sichtbar, im Süden zeigen sich der Kandel und noch weiter südlich der 90 km entfernte Feldberg, während bei Inversion die Schweizer Alpen am Horizont stehen.

Von Gengenbach nach Biberach

21

Schanzenweg hoch über Kinzig- und Nordrachtal: Gengenbach – Hüttersbach – Hangererstein – Biberach – Schwaibach – Gengenbach

Von der mittelalterlichen Reichsstadt Gengenbach führt der abwechslungsreiche Wenkweg über den bewaldeten Kamm zwischen Kinzig- und Nordrachtal zum Waldterrassenbad von Biberach; von dort geht es (auf dem aussichtsreichen Siebentälerweg im Hang des Kinzigtals) zurück nach Gengenbach; alternativ kann man von Biberach mit Bahn oder Bus zurück nach Gengenbach fahren. Wer 8 km sparen will, startet in Hüttersbach.

▶ **Tourencharakter:** Wald- und Aussichtswanderung, für die festes Schuhwerk erforderlich ist.
▶ **Beste Jahreszeit:** Frühjahr bis Herbst.
▶ **Ausgangs-/Endpunkt:** Bahnhof Gengenbach an der Schwarzwaldbahn. Wanderkarte: Schwarzwaldvereins-Wanderkarte 1:50 000 Blatt 4 Offenburg Hornberg (Landesvermessungsamt Baden-Württemberg) oder Atlasco-Wanderkarte 1:30 000 Blatt 235 Lahr Haslach.
▶ **Markierung:** Blaue Raute mit weißem W (Wenkweg), grünes Schild mit schwarzem T (Siebentälerpfad) und namentliche Ausschilderungen.
▶ **Verkehrsanbindung:** A 5 Basel – Karlsruhe Ausfahrt Offenburg und auf der B 33 an Offenburg vorbei nach Gengenbach. Bahnhöfe Gengenbach und Biberach an der Schwarzwaldbahn Offenburg – Triberg – Singen/Konstanz.
▶ **Einkehr:** Gengenbach, Hüttersbach, Biberach, Dantersbach, Schwaibach.
▶ **Tourist-Info:** Tourist-Information Gengenbach, Im Winzerhof, 77723 Gengenbach, www.stadt-gengenbach.de; Touristinfo Biberach, Hauptstraße 27, 77781 Biberach/Baden, www.biberach-baden.de

mittel

km 30 km

7½ Std.

Der Wegverlauf

Aus dem Bahnhof **Gengenbach** tretend, wenden wir uns rechts der unter Denkmalschutz stehenden Altstadt zu und betreten sie am **Niggelturm** (Narrenmuseum) auf der Hauptstraße. Bei Tourist-Information und Rathaus geht es auf der Victor-Kretz-Straße links hinauf zum **Oberen Torturm** (1689), hinter dem sich die Wanderwegetafel des Schwarzwaldvereins befindet. Wir folgen der Schwedenstraße kurz rechts und biegen dann links in den Otto-Ernst-Sutter-Weg ein. Unterhalb vom **Bergle** (kurzer, lohnenswerter Abstecher!) wandern wir durch die aussichtsreiche Rebflur zum **Schneckenmatt**-Aussichtspavillon und erreichen bald nach Passieren der **Portiunkulakapelle** am **Abtsberg** den Ortsteil **Hüttersbach**. Hier verzweigen sich die Wege: Während

Jakobskapelle auf dem Bergle

Die Jakobskapelle auf dem »Bergle« oberhalb der Stadt ist eines der Wahrzeichen von Gengenbach und eines der berühmtesten Kirchlein des Kinzigtals. Die schlichte kleine Wallfahrtskapelle (1681) mit steinerner Außenkanzel ist eine Station auf dem Kinzigtäler Jakobsweg, weit schweift der Blick hinauf auf die Höhen über dem Kinzigtal und hinaus in die Rheinebene. Die sog. Heiliggrabkapelle an der Nordseite der Jakobskapelle wurde über dem vorchristlichen Kultplatz errichtet, der sich auf dem Bergle seit keltischer Zeit befand, ehe der fränkische Herzog Ruthard hier um 725 ein Kloster gründete, das vom heiligen Pirmin der Benediktinerregel unterstellt wurde.

der Tälerweg in den Hang wechselt, folgen wir dem Wenkweg hinauf zur **Hochkopfhütte** und wandern nun auf dem Kammweg zwischen Nordrach- und Kinzigtal. In sachtem Auf und Ab führt der Wenkweg über den Kamm, der von Schanzen geradezu überzogen ist; die meisten, wie die **Schwedenschanze**, werden in die Zeit aus dem Dreißigjährigen Krieg und später datiert. Unterwegs sind mehrere Abstiegsvarianten zum Tälerweg angezeigt, darunter der Rotstrich-Weg ab **Schwaibacher Eck**, der Blaue-Raute-Weg nach Schönberg und ein weiterer Rotstrich-Weg bei der Schutzhütte am **Hangererstein**; hier bietet sich eine schöne Aussicht auf Biberach, den Rauhkasten und die Burgruine Hohengeroldseck. Während der Wenkweg am Hangererstein nach Zell am Harmersbach hinabführt, folgen wir der Markierung blaue Raute Richtung Biberach hinab zum **Waldterrassenbad** in exzellenter Aussichtslage am Waldrand oberhalb von Biberach. Am Parkplatz befindet sich die Wanderwegemarkierungstafel: Wer mit der Bahn zu-

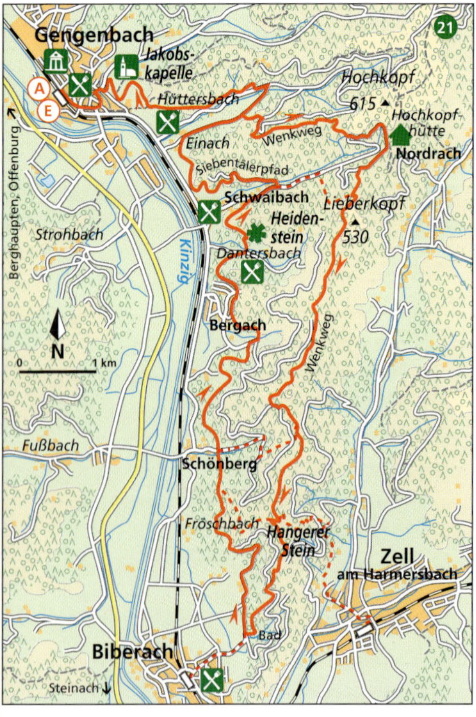

21

Die Jakobskapelle oberhalb von Gengenbach

rück nach Gengenbach fahren will, folgt der blauen Raute hinab nach Biberach und zum Bahnhof, während der mit dem Buchstaben »T« markierte Tälerweg am Waldterrassenbad rechts weiter und im Hang nach **Schönberg** führt. Mit immer wieder hervorragenden Aussichtsstellen geht es teils auf Wegen, teils auf Pfaden in stetem Auf und Ab via **Bergach** und **Dantersbach**. Von hier führt der Siebentälerpfad im Hang direkt weiter nach Schwaibach, lohnenswert ist jedoch der Abstecher zum **Schwaibacher Heidenstein**. Mit teils exzellenter Aussicht führt der Siebentälerpfad von Schwaibach zurück nach **Hüttersbach**, von wo wir auf derselben Route wie beim Hinweg nach **Gengenbach** wandern.

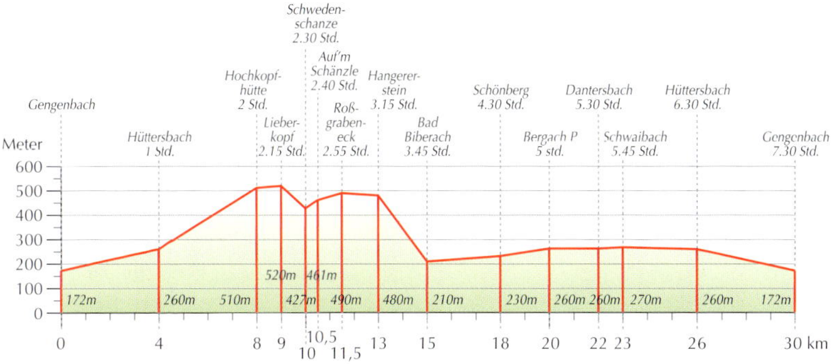

22 Vom Kniebis nach Hausach

Paradestrecke des Westwegs ins Kinzigtal: Alexanderschanze – Lettstädter Höhe – Harkhof – Brandenkopf – Hausach

Vom Kniebis führt der Westweg mit zahlreichen Aussichtsstellen in sanftem Auf und Ab über den bewaldeten Höhenrücken zwischen Rench- und Wolfachtal nach Hausach ins Kinzigtal, bei klarer Sicht lohnt auf der Westweg-Alternativ-Route der Abstecher über den Brandenkopf, den höchsten Berg des mittleren Schwarzwalds.

mittel

31 km

8 Std.

▶ **Tourencharakter:** Wald- und Aussichtswanderung auf Forstwegen und Pfaden, lediglich der Schlussabstieg ins Kinzigtal ist steil; Montags gibt es auf der Strecke keine Einkehrmöglichkeit. Konditionsstarke Wanderer bewältigen die Strecke bei sommerlichen Lichtverhältnissen an einem Tag, es gibt aber auch Übernachtungsmöglichkeiten.
▶ **Beste Jahreszeit:** Frühjahr bis Herbst.
▶ **Ausgangspunkt:** Parkplatz und Bushaltestelle Alexanderschanze in Freudenstadt-Kniebis an der Schwarzwaldhochstraße B 500.
▶ **Endpunkt:** Bahnhof Hausach im Kinzigtal.
▶ **Wanderkarte:** Schwarzwaldvereins-Wanderkarte 1:50 000 Blatt F5 Freudenstadt Schramberg (Landesvermessungsamt Baden-Württemberg).
▶ **Markierung:** Rote Raute und namentliche Ausschilderungen.
▶ **Verkehrsanbindung:** A 5 Basel – Karlsruhe Ausfahrt Appenweier, dann auf der B 28 weiter Richtung Freudenstadt.
▶ **Einkehr:** Harkhof, Kreuzsattelhütte (Einkehr von Mai bis Oktober an Sonn- und Feiertagen), Brandenkopf, Käppelehof.
▶ **Unterkunft:** Waldhotel Palmspring (Palmspring 1, 77740 Bad Peterstal-Griesbach, Tel. 07806/301, www.palmspring.de); Harkhof (Fam. Erwin Hug, Hark 1, 77784 Oberharmersbach, Tel. 07837/835, www.harkhof.de); das Wanderheim Brandenkopf der Schwarzwaldvereins-Ortsgruppe Oberharmersbach ist ganzjährig bewirtschaftet (Montag Ruhetag) und übernimmt den Rucksacktransport für Wanderer auf dem West- und dem Hansjakobweg (Wanderheim Brandenkopf, Brandenkopf 1, 77784 Oberharmersbach, Tel. 07831/61 49).
▶ **Tourist-Info:** Tourist-Info Bad Rippoldsau-Schapbach, Kurhausstraße 2, 77776 Bad Rippoldsau-Schapbach, www.bad-rippoldsau-schapbach.de; Kurverwaltung Bad Peterstal-Griesbach, Schwarzwaldstraße 11, 77740 Bad Peterstal-Griesbach, www.badenpage.de/bad-peterstal; Tourist-Information Oberharmersbach, Dorf 60, 77784 Oberharmersbach, www.oberharmersbach.de; Verkehrsamt Hausach, Hauptstraße 40, 77756 Hausach, www.hausach.de

Der Wegverlauf

Vom Parkplatz an der **Alexanderschanze** führt der Westweg kurz Richtung Wolfursprung, leitet dann rechts auf dem Schanzenweg zu einem Parkplatz an der B 28 und wechselt schließlich auf den Neuen Höhenweg, einen Forstweg auf dem bewaldeten Rücken

22

Am Glaswaldsee

zwischen den Tälern von Wolf und Wilder Rench. Der Höhenweg bietet wunderschöne Ausblicke auf das Renchtal. Kurz nach Passieren des aussichtsreichen **Grasecks** lädt die **Hilda-Hütte** zur Rast, dann geht es im Wald weiter zur **Lettstädter Höhe**, wo die **Lettstädter Hütte** erneut zu aussichtsreicher Rast einlädt.
Auf der wenig später erreichten **Seeebene** zweigt der Zugangsweg blaue Raute links hinab zum **Glaswaldsee** ab – ein lohnenswerter Abstecher. Nun senkt sich der Westweg hinab zum Parkplatz **Freiersberg** an der Passstraße von Bad Peterstal nach Schapbach; hier besteht die Möglichkeit, mit der Markierung gelbe Scheibe zum Waldhotel Palmspring oberhalb von Bad Peterstal abzusteigen bzw. sich abholen zu lassen.
Vom Freiersbergsattel steigt der Westweg sanft an zur **Ihrighütte**

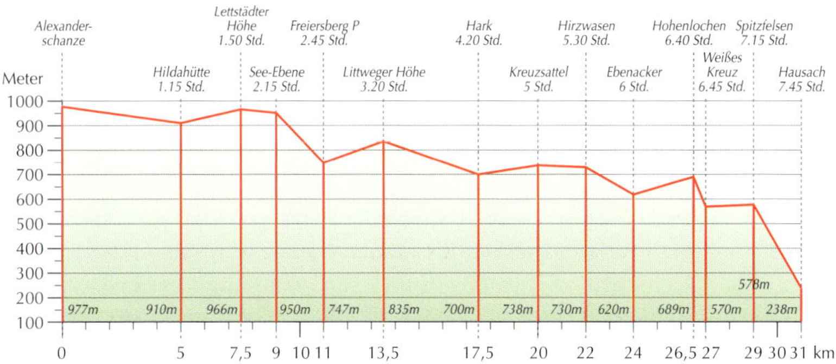

22 Glaswaldsee

Der von Legenden und Sagen umrankte Glaswaldsee ist einer der schönsten Karseen des Schwarzwalds. Den 2,7 ha großen See überragt eine 110 m hohe Karwand, in der urwaldähnliche Wälder wachsen. Der Name des bis zu 11 m tiefen Sees verweist darauf, dass hier früher eine Glashütte arbeitete, allerdings ist ihr Standort unbekannt; vor der Errichtung der Glashütte hieß der See »Wildsee« und »Sebenweiher«. Bis ins Frühjahr 1743 staute ein natürlicher Moränenwall das Wasser, dann durchbrach das Schmelzwasser diesen »Karriegel« und zerstörte auf seinem Weg in das Wolftal mehrere Bauernhöfe. Nach dieser Naturkatastrophe wurde der See künstlich wieder aufgestaut und als Schwallwasser für die Flößerei im Wolftal genutzt. Zur Holztrift im Schwarzwald siehe Seite 7 und 8.

im Hang des Großen Hundskopfs, senkt sich dann hinab zur Wegespinne **Littweger Höhe** (Schutzhütte) und führt auf Forstwegen, teils auch auf Graswegen und Pfaden weiter zum **Harkhof**, wo man einkehren und übernachten kann. Zunächst auf einem Forstweg, dann auf einem Pfad geht es weiter zur **Kreuzsattelhütte** (Parkplatz), wo von Mai bis Oktober an Sonn- und Feiertagen Einkehrmöglichkeit besteht. Von der Hütte geht es kurz auf der Zufahrt weiter, dann verzweigen sich die Wege: Wer an klaren Tagen den Blick vom Aussichtsturm auf dem **Brandenkopf** genießen und dort im Gasthaus einkehren will, folgt der Westweg-Variante auf den Brandenkopf und erreicht am Hirzwasen wieder

Brandenkopf – König des mittleren Schwarzwalds

Der steil zwischen den Tälern von Harmersbach, Kinzig und Wolfach aufragende Brandenkopf (945 m) ist der markanteste und höchste Berg des mittleren Schwarzwalds. Als solcher ist der »König des mittleren Schwarzwalds« ein Ziel für Wanderer und Mountainbiker ebenso wie für Luftwanderer, die in ihren Segel- oder Motorfliegern den Aussichts- und den Fernsehturm sowie die Windkraftanlage auf dem Berg als Orientierungs- bzw. Wendemarke ansteuern, teilweise in nationalen und internationalen Wettbewerben. Der steinerne Aussichtsturm (1929) bietet einen prächtigen Rundblick über die Berge und Täler, an klaren Tagen schweift der Blick über die Rheinebene hinweg bis zu den Vogesen, an manchen Herbst- und Wintertagen zeigen sich die Alpen. Bis zum Waldbrand des Jahres 1730 hieß der Berg »Varnlehenskopf«; an diesen alten Namen erinnert der »Farlehensweg« auf der Oberharmersbacher Seite. Nach dem Waldbrand nannte man den Berg »Brennetenkopf«, daraus wurde der heutige Name Brandenkopf.

Wanderheim: Das Wanderheim Brandenkopf der Schwarzwaldvereins-Ortsgruppe Oberharmersbach ist ganzjährig bewirtschaftet (Montag Ruhetag) und übernimmt den Rucksacktransport für Wanderer auf dem West- und dem Hansjakobweg; Wanderheim Brandenkopf, Brandenkopf 1, 77784 Oberharmersbach, Tel 07831/61 49 den Hauptstrang des Westwegs (4 km Kreuzsattel – Brandenkopf, 3,5 km Brandenkopf – Hirzwasen); der Brandenkopf kann auch mit Pkw angefahren werden. Vom Kreuzsattel führt der Westweg weiter zur Wegespinne am **Hirzwasen**, wo die Brandenkopf-Westwegvariante einmündet und sich auch der Hansjakobweg dem Westweg anschließt. Mit mehreren Aussichtsstellen geht es weiter durch den Wald über den aussichtsreichen **Hohenlochen**, wo der steile Abstieg ins Kinzigtal beginnt.

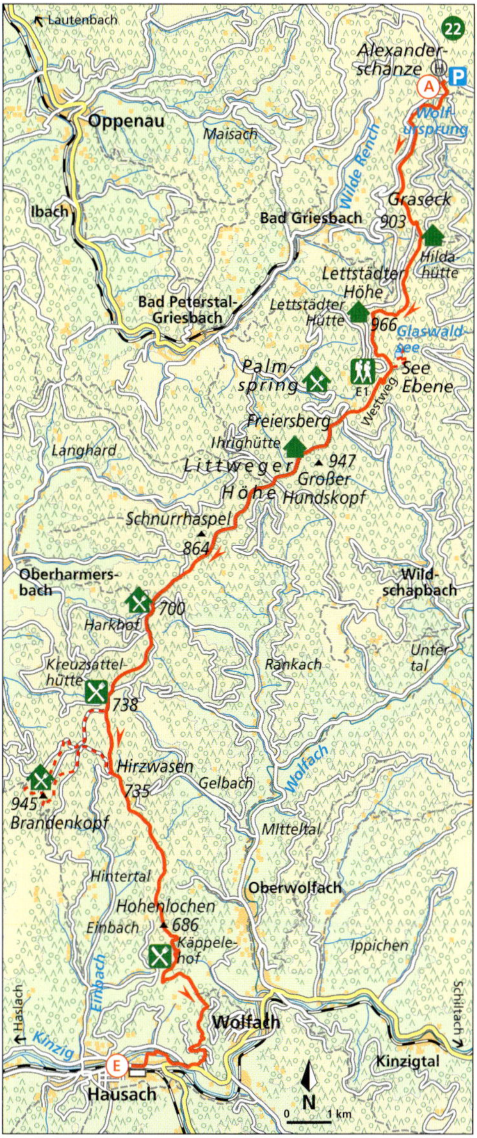

Kurz nach Passieren der Hohenlochenhütte geht es oberhalb des Osterbacher Käppelehofs (Einkehrmöglichkeit) vorbei zum Weißen Kreuz.

Wenig später verlässt uns der Hansjakobweg links hinab Richtung Wolfach (wer mit dem Bus zurück zum Ausgangspunkt bzw. nach Kniebis will, folgt dem Hansjakobweg hinab zum Bahnhof von Wolfach), während wir am **Spitzfelsen** einen einmaligen Blick auf Hausach und das Kinzigtal genießen.

Steil geht es nun hinab ins Kinzigtal, auf der Bundesstraßenbrücke über den Fluss, kurz flussabwärts und dann links zum Bahnhof von **Hausach**.

23 Zum Burgbachwasserfall

Hoch über dem Wolftal: Zum letzten G'stehr – Burgbachwasserfall – Oberer Zwieselberg – Burgbachwasserfall – Zum letzten G'stehr

Vom alten Flößergasthof »Zum letzten G'stehr« führt diese Waldwanderung zum eindrucksvollen Burgbachwasserfall, einem der höchsten Wasserfälle des Schwarzwalds.

mittel

12 km

3 Std.

ja

▶ **Tourencharakter:** Überwiegend bequeme Forstwege, teilweise auch wurzelige Pfade.
▶ **Beste Jahreszeit:** Frühjahr bis Herbst.
▶ **Ausgangs-/Endpunkt:** Bushaltestelle und Parkplatz am Hotel »Zum letzten G'stehr« in Bad Rippoldsau-Schapbach.
▶ **Wanderkarte:** Schwarzwaldvereins-Wanderkarte 1:50000 Blatt F 5 Freudenstadt Schramberg (Landesvermessungsamt Baden-Württemberg) oder Atlasco-Wanderkarte 1:30000 Blatt 234 Freudenstadt/Baiersbronn.
▶ **Markierung:** R1, blaue Raute, rote Raute und namentliche Ausschilderungen.
▶ **Verkehrsanbindung:** A 5 Basel – Karlsruhe Ausfahrt Appenweier, dann auf der B 28 weiter Richtung Freudenstadt und abbiegen Richtung Bad Rippoldsau-Schapbach.
▶ **Einkehr:** Bad Rippoldsau, Oberer Zwieselberg.
▶ **Tourist-Info:** Tourist-Info Bad Rippoldsau-Schapbach, Kurhausstraße 2, 77776 Bad Rippoldsau-Schapbach, www.bad-rippoldsau-schapbach.de

Der Wegverlauf

Beim Gasthof überqueren wir die Wolf auf der Brücke und folgen der lokalen Wanderwegmarkierung R1 längs des Burgbachs aufwärts. Nach dem letzten Haus zweigt die R1 rechts ab und führt steil bergan. Wenn die Markierung nach 150 m links zeigt, gehen wir auf dem nicht markierten Weg noch 100 m geradeaus und er-

Burgbachwasserfall und -felsen

Der als Naturdenkmal geschützte Burgbachwasserfall stürzt in einem schluchtartigen Seitental der Wolf rund 15 m in freiem Fall über verkieselte Buntsandsteinfelsen. Souvenirpostkarten mit einem Stahlstich aus dem Jahr 1820 zeigen dieses Naturschauspiel, das allerdings nur im Frühjahr während der Schneeschmelze bzw. nach starken Regenfällen erlebt werden kann; in trockenen Sommern ist der Burgbachwasserfall oft nur ein kleines Rinnsal. Oberhalb des Wasserfalls ragt der Burgbachfelsen auf, ein Granitmassiv, dessen Silhouette in ihrer eigenartigen Klüftung einer Burg ähnelt. Wahrscheinlich trug der Felsen im Frühmittelalter tatsächlich eine Burg, allerdings erinnert außer den Gewannnamen nichts mehr an sie.
Der Pavillon auf dem Burgbachfelsen war im 19. Jh. alljährlich das Ziel eines »Jubelzugs« der Bad Rippoldsauer und ihrer Kurgäste anlässlich des Geburtstags des Großherzogs von Baden.

reichen den **Burgbachwasserfall**. Vom Wasserfall kehren wir zurück zum markierten Weg, der nun in steilem Zickzack zum Aussichtspavillon und zum Wiesengelände auf dem **Burgbachfelsen** hinaufführt.

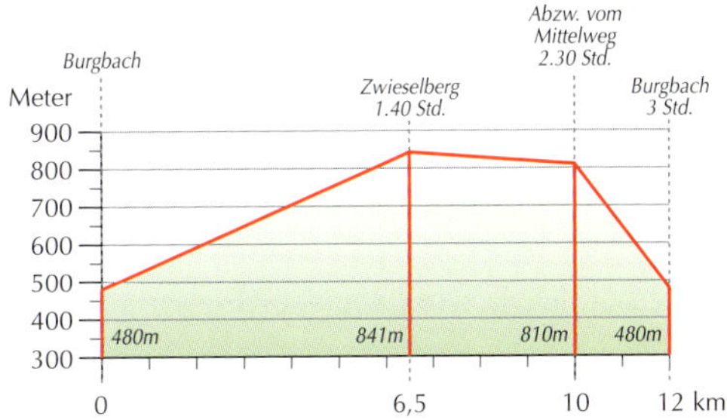

Hier trifft der R1-Weg auf die mit der blauen Raute markierten Hangroute, der wir links Richtung Klösterle folgen. Oberhalb von Klösterle verzweigen sich die mit der blauen Raute markierten Wege: Die kürzere Variante führt hinab ins Tal, dort folgt man der Wolf auf dem Talwanderweg auf dem rechten Ufer zurück zum Gasthaus »Zum letzten G'stehr«; die reizvolle Alternative besteht darin, dem Blaue-Raute-Weg rechts hinauf zu folgen, bis er im Weiler **Oberer Zwieselberg** auf den Mittelweg mündet (Markierung rote Raute).

Der Mittelweg führt als Pfad über den bewaldeten Kamm zwischen den Tälern von Wolf und Kleiner Kinzig, bis schließlich der Weg blaue Raute rechts abzweigt: Er führt zurück zur Aussichtshütte auf dem **Burgbachfelsen**. Vor dort geht es zurück zum Gasthof.

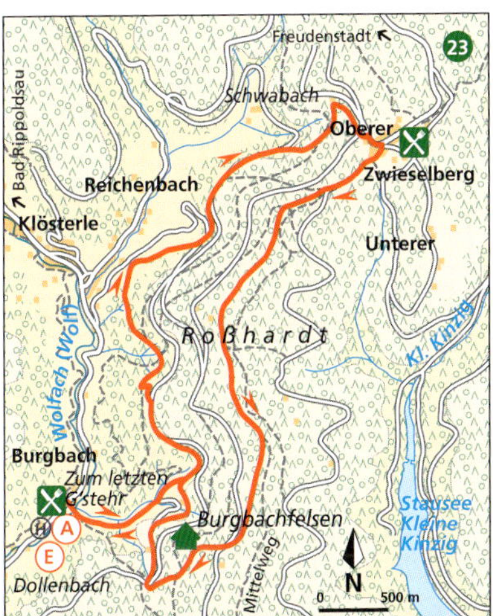

Ein Gasthausschild im Wolftal erinnert an die Flößerei: ein Floß bestand aus mehreren aneinander gehängten Gestöhren.

24 Von Schenkenzell nach Wolfach

7.6.20

Auf dem Kinzigtäler Jakobsweg: Schenkenzell – Wittichen – St. Roman – Ippichental – Wolfach

Vom Luftkurort Schenkenzell im Kinzigtal führt der Kinzigtäler Jakobsweg überwiegend in Gleichlauf mit dem Hansjakobweg zum ehemaligen Kloster Wittichen und am sagenumwobenen Teufelsstein vorbei zur Wallfahrtskirche in Sankt Roman. Von dort geht es hinab nach Wolfach, das eines der schönsten Altstadtbilder im Kinzigtal hat.

mittel

24 km

6 Std.

▶ **Tourencharakter:** Abwechslungsreiche Wald- und Aussichtswanderung auf Wegen jeglichen Belags, teils auch auf wurzeligen Pfaden, passagenweise steil.

▶ **Beste Jahreszeit:** Frühjahr bis Herbst.

▶ **Ausgangspunkt:** Bahnhof Schenkenzell an der Kinzigtalbahn; wer abkürzen will, fährt vom Bahnhof bis Vortal mit dem Bus.

▶ **Endpunkt:** Bahnhof Wolfach an der Kinzigtalbahn.

▶ **Wanderkarte:** Schwarzwaldvereins-Wanderkarte 1:50 000 Blatt F 5 Freudenstadt Schramberg (Landesvermessungsamt Baden-Württemberg).

▶ **Markierung:** Muschel (Jakobsweg), Schlapphut (Hansjakobweg) und namentliche Ausschilderungen.

▶ **Verkehrsanbindung:** Kinzigtalbahn (Offenburg –) Hausach – Wolfach – Schenkenzell – Freudenstadt. A 5 Basel – Karlsruhe Ausfahrt Offenburg, weiter auf der B 33 an Offenburg vorbei durch das Kinzigtal bis Hausach, dort weiter auf der B 294 via Wolfach nach Schenkenzell.

▶ **Einkehr/Unterkunft:** Wer die 20 km lange Strecke teilen will, kann in Sankt Roman im Silencehotel »Adler« (www.adler-sanktroman.de) am Jakobsweg oder – deutlich preiswerter – in der Waldpension »Auerhahn« (Dienstag Ruhetag) in Heubach (www.waldrestaurant-auerhahn.de) am Hansjakobweg übernachten. Auch der idyllisch gelegene Benzenhof in Sankt Roman bietet Übernachtungsmöglichkeit an (www.benzenhof.de).

▶ **Tourist-Info:** Gemeinde Schenkenzell, Reinerzaustraße 12, 77773 Schenkenzell, www.schenkenzell.de; Tourist-Info Wolfach/Oberwolfach, Hauptstraße 41, 77709 Wolfach, www.wolfach.de

Der Wegverlauf

Vom Bahnhof **Schenkenzell** geht es rechts durch die Bahnhofstraße ortseinwärts in Richtung der Ulrichskirche. Nach Überqueren der Kleinen Kinzig, die hier in die Kinzig mündet, weisen die Muschel-Markierungen des Kinzigtäler Jakobswegs und die Schlapphut-Markierung des Hansjakobwegs links talaufwärts durch die Reinerzaustraße, wechseln bald auf die gegenüberliegende Seite der Kleinen Kinzig und führen im Hang nach **Vortal** (412 m). Hier verlassen der Jakobsweg und der Hansjakobweg

24

Oberwolfach an der Einmündung der Wolfach in die Kinzig

das Kinzigtal und wechseln links hinauf zum ehemaligen Clarissenkloster **Wittichen** im Klosterbachtal. Bequem geht es in dem ehemaligen Flößertal aufwärts und schließlich beim ehemaligen Bergbaustollen **Am Zundelgraben** links hinauf zur Wegespinne **Salzlecke** mit einem Pilgerkreuz vor der Schutzhütte. An der Salzlecke kreuzt der zum Teisenkopf (Aussichtsturm) weiterführende Mittelweg (rote Raute), vom Teisenkopf kann man mit der blauen Raute absteigen ins Kleine Kinzigtal. An der Salzlecke verzweigen sich außerdem Jakobs- und Hansjakobs-Weg, ehe sie am Teufelsstein wieder zusammentreffen:

Kinzigtäler Jakobsweg: Der Kinzigtäler Jakobsweg führt in gleicher Routenführung wie der Wanderweg blaue Raute zur Wegeverzweigung **Auf der Hex**, wechselt hier links auf den Kammpfad zwischen Kinzig- und Wolftal und führt über **Hinter-**

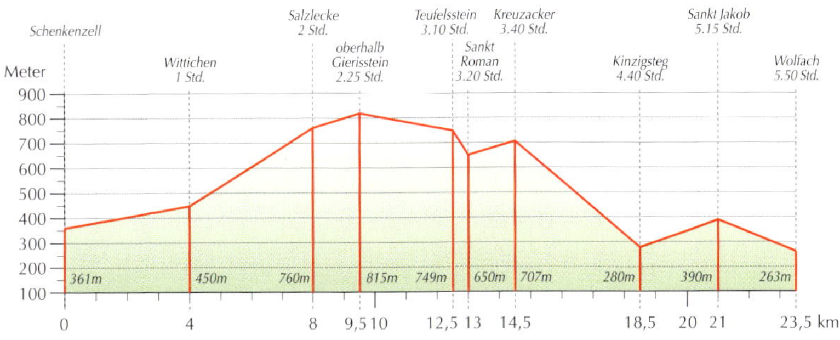

24

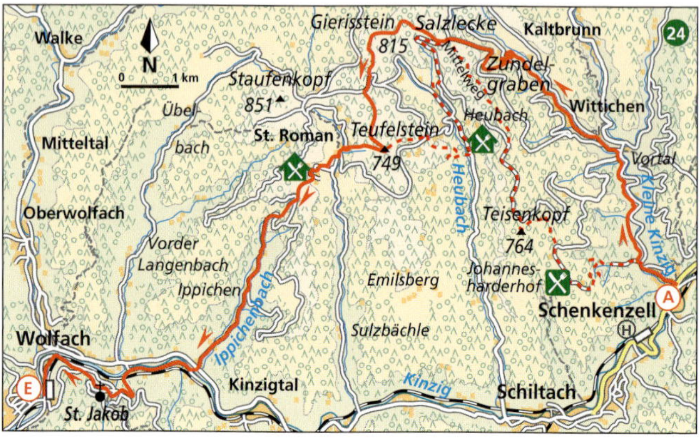

hals und **Vorderhals** zum Naturdenkmal **Teufelsstein**, wo er sich wieder mit dem Hansjakobweg vereinigt.

Hansjakobweg: Der Hansjakobweg führt, teilweise mit Aussicht, hinab in das schluchtartig eingetiefte **Heubachtal**, begleitet von Lehrtafeln zur Holzflößerei. In der Heubachtalschlucht, die als »Hölle der Holzflößer« galt, lädt die alte Flößergaststätte Auerhahn zur Rast. Vor der Gaststätte überquert der Hansjakobweg den Bach, führt steil im Wald aufwärts, wechselt am Forsthaus auf ein Sträßchen und zweigt wenig später zum **Teufelsstein** ab, wo er sich mit dem Jakobweg vereinigt.

In gemeinsamer Routenführung verlassen die beiden Wege wenig später den Wald und führen an der **Wallfahrtskirche** vorbei in das idyllisch gelegene Höhendorf **St. Roman**. Hinter dem

Luitgardfest in Wittichen

Alljährlich am zweiten Sonntag im Oktober findet in Wittichen das Luitgardfest statt zur Erinnerung an den Todestag der Gründerin von Kloster Wittichen: Nach dem feierlichen Gottesdienst in der barocken Klosterkirche (1681) ziehen Pilger und Gläubige, Fahnen- und Trachtenträger und Musikkapellen in einer malerischen Prozession durch das Witticher Tal. Kloster Wittichen wurde 1324 von der später selig gesprochenen Mystikerin Luitgard († 16.10.1347), einer Begine, zusammen mit 33 Schwestern gegründet. Nach der Reformation wurden die Nonnen verjagt und die Klostergüter und -schätze verschleudert. Das Kloster wurde wieder hergestellt und errang ab 1629 wegen der Wunder, von denen an Luitgards Grab (in der Kirche) berichtet wurde, Zulauf von Hunderttausenden von Wallfahrern. Nach der Auflösung 1803 gehörte das Kloster den Fürstenbergern, 1979 übertrug Fürst Joachim zu Fürstenberg das ehemalige Kloster der katholischen Kirchengemeinde Wittichen. Im ehemaligen Klosterstall, einem schmucken Fachwerkbau, ist das Klostermuseum untergebracht.

24

Die Jakobskapelle

Die Jakobskapelle ist eine Wallfahrtskapelle in malerischer Naturumgebung hoch über der Kinzig. Die erste Kapelle an dieser Stelle wurde 1433 errichtet, nachdem Wolfacher Hirtenkinder einen lieblichen Gesang aus einem Baum gehört hatten und in dem Baumstamm ein Bild des Apostels Jakobus gefunden worden war. Während der Reformation ließ der »wilde Graf« Wilhelm von Fürstenberg die Wallfahrtskapelle und das wundersame Bild 1533 zerstören, doch im Jahr 1655 entdeckten Kinder das alte Gemäuer wieder, und 1660 wurde eine neue Kapelle geweiht. Der Andrang der Pilger war so groß, dass 1680 eine größere Kapelle errichtet wurde; es ist die heutige Kapelle mit der Außenkanzel.

Die Bilder im Inneren der Kapelle erzählen die Geschichte von der Auffindung des Bildes und der Wiedereinführung der Wallfahrt durch die Wolfacher Kinder. In der Mittelnische des Hochaltars (1705) steht die Statue des Hl. Jakobus mit Pilgerstab, Pilgermantel, Pilgerhut und Muschel.

Gasthof Adler in St. Roman weisen die Muschelmarkierungen rechts hinauf zum **Kreuzacker** mit Pilgerkreuz, dann geht es durch die Wiese zum Wald hinab und in das **Ippichental**, wo wir der kleinen Fahrstraße am Jakobshof und anderen alten Höfen abwärts folgen ins **Kinzigtal**.

Hier überqueren wir die B 294 und den hölzernen Kinzigsteg (Serresteg), wandern kurz abwärts zwischen Fluss und Bahnlinie und erreichen dann die eindrucksvolle **Jakobskapelle** oben im Wald. Von der Jakobskapelle führt ein Pfad hinab in die historische Altstadt von Wolfach. Bahnhof und Busbahnhof liegen wenige Gehminuten weiter südlich: Man geht durch die Haupt- und die Bahnhofstraße (ehemalige B 294).

Blick hinab ins Kinzigtal

25 Zur Burg Hohenschramberg und zum Fohrenbühl

Die Täler von Schiltach, Kinzig und Gutach: Schramberg – Hohenschramberg – Fohrenbühl – Lauterbach (– Schramberg)

Von der Fünftäler-Stadt Schramberg führt diese erstklassige Aussichtswanderung zur mächtigen Burgruine Hohenschramberg und zum Fohrenbühl hoch über den Tälern von Schiltach, Kinzig und Gutach.

leicht
22,5 km
5¾ Std.
ja

▶ **Tourencharakter:** Wald- und Wiesenflurwanderung mit zahlreichen hervorragenden Aussichtsstellen.
▶ **Beste Jahreszeit:** Frühjahr bis Herbst, nicht bei Schneelage.
▶ **Ausgangspunkt:** Gasthof Café Haas/Bruckbeck in Schramberg, Hauptstraße.
▶ **Endpunkt:** Bushaltestelle in Lauterbach an der Kirche.
▶ **Wanderkarte:** Schwarzwaldvereins-Wanderkarte 1:50 000 Blatt 4 Offenburg Hornberg und Blatt 5 Freudenstadt Schramberg (Landesvermessungsamt Baden-Württemberg) oder Atlasco-Wanderkarte 1:30 000 Blatt 256 Schramberg.
▶ **Markierung:** Blaue Raute (Zugangswege), rote Raute (Mittelweg) und namentliche Ausschilderungen.
▶ **Verkehrsanbindung:** Von den ICE-Bahnhöfen in Hornberg und Rottweil bestehen direkte Anschlussmöglichkeiten mit dem Bus nach Schramberg. A 81 Stuttgart – Singen Ausfahrt Rottweil, weiter auf der B 462 nach Schramberg.
▶ **Einkehr:** Gasthof Café Haas/Bruckbeck, Burgstüble Hohenschramberg, Fohrenbühl, Lauterbach.
▶ **Tourist-Info:** Bürgerservice und Tourist-Information Schramberg, Hauptstraße 25, 78713 Schramberg, www.schramberg.de; Kurverwaltung Lauterbach, 78730 Lauterbach, www.lauterbach-schwarzwald.de

Der Wegverlauf

Am oberen Ende der als Fußgängerzone ausgewiesenen Hauptstraße in **Schramberg** überqueren wir auf der Lauterbacher Straße die Schiltach und folgen der Geißhaldenstraße im Hang des Schlossbergs aufwärts im Lauterbachtal, in dem sich Produktionsgebäude des Uhrenherstellers Junghans befinden. Schon bald zweigen kurz hintereinander zwei verschiedene Wege zur Burg ab: Der erste, bequemere und längere, führt via **Aussichtspavillon** zur Burgruine Hohenschramberg, der zweite ist ein Naturlehrpfad, der steil durch ein Felsenmeer führt. Beide Varianten führen zur **Burgruine Hohenschramberg**, von der sich ein prachtvoller Blick auf Schramberg und die Berge des mittleren Schwarzwalds bietet. Von der Ruine führt die Markierung blaue Raute längs der schmalen Zufahrt zum Grillplatz am Wander-

25

Von der Burg Hohenschramberg sind beachtliche Mauerreste erhalten.

parkplatz **Schlosshof** und hier halb rechts weiter, ehe es kurz hinter dem Hof Wolfsbühl links weitergeht. Bald mündet der Waldpfad am Rand des Luftkurorts **Lauterbach** auf einen die Einzelhöfe verbindenden Fahrweg. Auf ihm folgen wir der blauen Raute am Hölzleshof und anderen Höfen vorbei bequem und immer wieder mit überragender Aussicht aufwärts im Hang des Sulzbachtals bis zum Gasthaus Hasen im Hang des Mooskopfs. Dort gehen wir links längs der Straße zum Wanderparkplatz **Rotwasser**. Von dort geht es nach Queren der Straßen auf einem Knüppeldamm weiter zum Kapfhäusle, wo wir den Mittelweg (rote Raute) erreichen. Ihm folgen wir bis zum Gedächtnishaus auf dem **Fohrenbühl**.

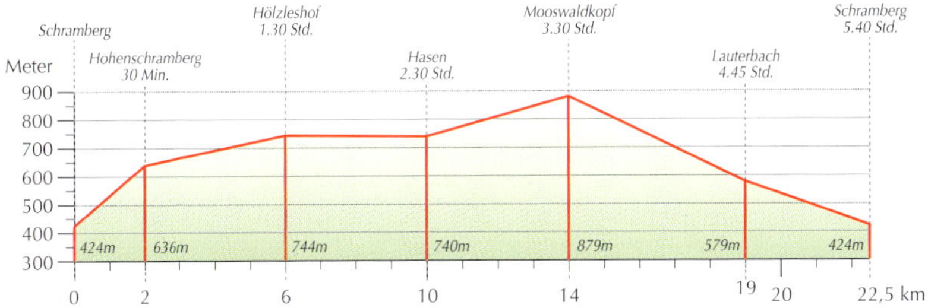

25

Typisch für den Nord-schwarzwald sind einzeln stehende Bauernhöfe wie hier am Fohrenbühl.

Während der Mittelweg auf dem Fohrenbühl südwärts weiterführt, folgen wir der Zugangsweg-Markierung blaue Raute ostwärts hinab Richtung Schramberg und stoßen bald auf eine Verzweigung: Hier wählen wir die rechts weiterführende Variante (weiterhin blaue Raute), treten bald aus dem Wald und wandern hinab nach **Lauterbach**. Hier nimmt man den Bus zurück nach Schramberg oder folgt weiter der blauen Raute im Hang über dem Lauterbachtal.

Von Sankt Georgen nach Hornberg

26

Fantastische Ausblicke hoch über dem Gutachtal: Sankt Georgen – Staude – Lindenbüble – Hornberg

Der tunnelreiche Abschnitt der Schwarzwaldbahn zwischen Hornberg und Sankt Georgen zählt zu den berühmtesten Eisenbahnstrecken Deutschlands. Vom hoch gelegenen Wintersportplatz Sankt Georgen wandern wir nun mit fantastischen Tiefblicken hinab ins Gutachtal und fahren mit der Schwarzwaldbahn zurück.

▶ **Tourencharakter:** Bequeme Wald- und Grünflurenwanderung mit hervorragenden Aussichtsstellen.
▶ **Beste Jahreszeit:** Frühjahr bis Herbst.
▶ **Ausgangspunkt:** Bahnhof Sankt Georgen an der Schwarzwaldbahn.
▶ **Endpunkt:** Bahnhof Hornberg an der Schwarzwaldbahn.
▶ **Wanderkarte:** Schwarzwaldvereins-Wanderkarte 1:50 000 Blatt 7 Triberg/Donaueschingen und Blatt 5 Freudenstadt/Schramberg (Landesvermessungsamt Baden-Württemberg) oder Atlasco-Wanderkarte 1:30 000 Blatt 247 Triberg Elztal.
▶ **Markierung:** Rote Raute (Mittelweg), rot-blaue Raute (Querweg Lahr – Rottweil) und namentliche Ausschilderungen.
▶ **Verkehrsanbindung:** Schwarzwaldbahn Offenburg – Hornberg – Triberg – Sankt Georgen – Donaueschingen. A 5 Basel – Karlsruhe Ausfahrt Offenburg und auf der B 33 an Offenburg und Hornberg vorbei nach Sankt Georgen
▶ **Einkehr:** Sankt Georgen, Staude, Lindenbüble, Hornberg.
▶ **Tourist-Info:** Tourist-Information Sankt Georgen, Hauptstraße 9, 78112 Sankt Georgen im Schwarzwald, www.st-georgen.de; Tourist-Information Triberg, Luisenstraße 10 (im Kurhaus), 78098 Triberg, www.triberg.de; Tourist-Information Hornberg, Bahnhofstraße 3, 78132 Hornberg, www.hornberg.de

mittel
18 km
4½ Std.
ja

Der Wegverlauf

Die Stadt Sankt Georgen, ein Zentrum der Uhrenherstellung, liegt am höchstgelegenen Bahnhof der Schwarzwaldbahn und an der Hauptwasserscheide Nordsee-Schwarzes Meer: Während die am Hirzbauernhof im Ortsteil Brigach entspringende Brigach den höchsten Quellfluss der Donau bildet, entspringt wenige Kilometer weiter nördlich im Ortsteil Langenschiltach die zum Rhein entwässernde Schiltach.
Auf unserer Wanderung überqueren wir nicht nur die Wasserscheide zwischen Donau und Rhein, sondern auch die unsichtbare Grenze zwischen den Naturparks Südschwarzwald und Schwarzwald Mitte/Nord.

Der Bergfried der Burgruine Hornberg

Vom Bahnhof **Sankt Georgen** im Brigachtal folgen wir der Industriestraße kurz talaufwärts zum Parkplatz vor der Freizeitanlage am **Naturbad Klosterweiher** und treffen hier auf den mit der roten Raute markierten Mittelweg. Er leitet durch die Unterführung der Bundesstraße Richtung Stadtgarten und ins Zentrum der im Hang über der Brigach gelegenen Bergstadt.

Am Bärenplatz geht es auf dem Mittelweg geradeaus (Roßbergstraße), bald rechts und an den Sportanlagen vorbei in die Wälder der **Hochwälder Höhe** hinauf, wo sich der Mittelweg vorübergehend mit dem Querweg Lahr – Rottweil vereinigt. Nach diesem kurzen Anstieg umgehen Mittel- und Querweg das Quellgebiet der Schiltach und erreichen in exzellenter Aussichtslage den Höhengasthof **Staude**, der hier seit 300 Jahren Wanderer zur Einkehr und zur Übernachtung lädt.

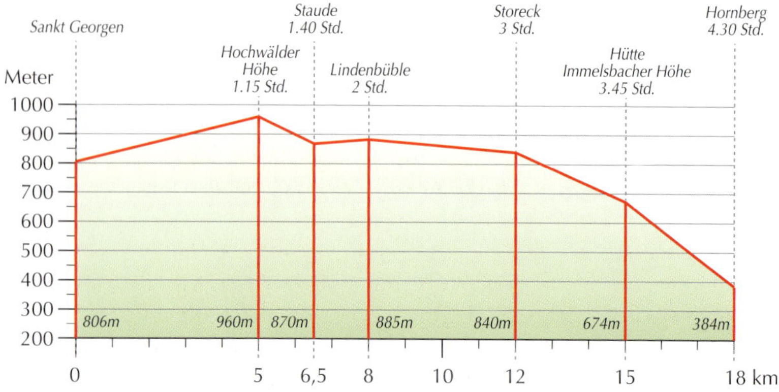

26

Der Gasthof Staude liegt auf dem Gebiet der Stadt Triberg, und auf dem mit der blauen Raute markierten Zugangsweg gelangt man hinab zum Bahnhof Triberg.

Querweg und Mittelweg führen in gemeinsamer Routenführung durch Wald weiter zum Wanderheim **Lindenbüble** der Schwarzwaldvereins-Ortsgruppe Sankt Georgen; hier gibt es Getränke und einfache Speisen, auch die Möglichkeit preiswerter Übernachtung besteht.

Am Lindenbüble trennen sich Mittel- und Querweg: Der Mittelweg führt weiter Richtung Windkapf, während der Querweg teilweise im Wald, teilweise mit hervorragender Aussicht Richtung Hornberg führt. Bei klarer Sicht lohnt sich beim Storeck der Abstecher zum Oberen Schlossfelsen: Diese senkrechte Felskanzel

26 Musikklassiker in Sankt Georgen

Das Deutsche Phonomuseum gibt einen Einblick in die traditionsreiche Sankt Georgener Phonoindustrie (Dual) und zeigt Edison-Phonografen, Grammofone, Plattenspieler u.a. kuriose Geräte aus der Frühzeit der Musikindustrie. Bis 1982 war Sankt Georgen Dual-Standort.

400 m über dem Gutachtal ist an Aussichtsreichtum nicht zu übertreffen.

Der Querweg bleibt bequem weiter oben, erreicht den Rastpavillon **Philippsruhe** (723 m) und wenig später vor der **Immelsbacher Höhe** einen weiteren Rastplatz mit Schutzhütte, danach geht es teilweise recht steil, dafür mit wunderschönen Ausblicken ins Gutachtal hinab zum **Gesundbrunnen** (Parkplatz und Quelle) und zum Bahnhof von **Hornberg**.

Wer nicht nach Hornberg wandert, sondern nach Triberg absteigt, kann die Triberger Wasserfälle besichtigen.

Von Haslach nach Hausach

27

Auf dem Hansjakobweg hoch über dem Kinzigtal: Haslach – Heiliger Brunnen – Bannstein – Hausach

Von der sehenswerten Haslacher Fachwerkaltstadt führt die erste Etappe des Hansjakobwegs zum Heiligen Brunnen und durch die Wälder über dem Kinzigtal in die Burgstadt Hausach; von dort geht es mit Bahn oder Bus oder auf dem attraktiven Rotstrichweg zurück in die »Hauptstadt des Kinzigtals«.

▶ **Tourencharakter:** Bequeme Waldwanderung mit vielen Aussichtsstellen. Beste Jahreszeit: Frühjahr bis Herbst.
▶ **Ausgangspunkt:** Bahnhof Haslach an der Schwarzwaldbahn/Kinzigtalbahn.
▶ **Endpunkt:** Bahnhof Hausach an der Schwarzwaldbahn/Kinzigtalbahn.
▶ **Wanderkarte:** Schwarzwaldvereins-Wanderkarte 1:50000 Blatt F 4 Offenburg Hornberg (Landesvermessungsamt Baden-Württemberg) oder Atlasco-Wanderkarte 1:30000 Blatt 235 Lahr Haslach.
▶ **Markierung:** Schlapphut, blaue Raute, Muschel und namentliche Ausschilderungen.
▶ **Verkehrsanbindung:** Schwarzwaldbahn Offenburg – Gengenbach – Haslach – Hausach. A 5 Basel – Karlsruhe Ausfahrt Offenburg, weiter auf der B 33 an Offenburg vorbei durch das Kinzigtal bis Haslach.
▶ **Einkehr:** Haslach, Hausach-Dorf, Hausach.
▶ **Tourist-Info:** Tourist Information Haslach, Im Alten Kapuzinerkloster (Klosterstr. 1), 77716 Haslach im Kinzigtal, www.haslach.de; Verkehrsamt Hausach, Hauptstraße 40, 77756 Hausach, www.hausach.d

leicht
km 12 km
3 Std.
ja

Der Wegverlauf

Vor dem Bahnhof **Haslach** queren wir die Schwarzwaldhochstraße (B 33) und gelangen durch die Gerbergasse in die sehenswerte Fachwerkaltstadt. Am Rathaus geht es vorbei zur katholischen Stadtkirche, hier halb links weiter durch die Mühlenbacher Straße und nach Queren der Grafenstraße (B 294) geradeaus durch die Rotkreuzstraße zum Wald hinauf. Der Hansjakobweg macht am Beginn der Rotkreuzstraße einen Schlenker nach links zum **Hansjakobhaus (Freihof)** und führt von dort rechts zur Rotkreuzstraße zurück. Bald geht die Rotkreuzstraße in den Rotkreuzweg über und erreicht an der **Rotkreuzhütte** bei der **Waldteufelseiche** den Wald. An der Rotkreuzhütte mündet die Markierung blaue Raute auf unseren Weg, der rechts weiter aufwärts im Wald führt, bis am sagenumwobenen **Heiligen Brunnen** Bänke zur Rast laden. Nächste Raststation ist die **Sandhaasen-**

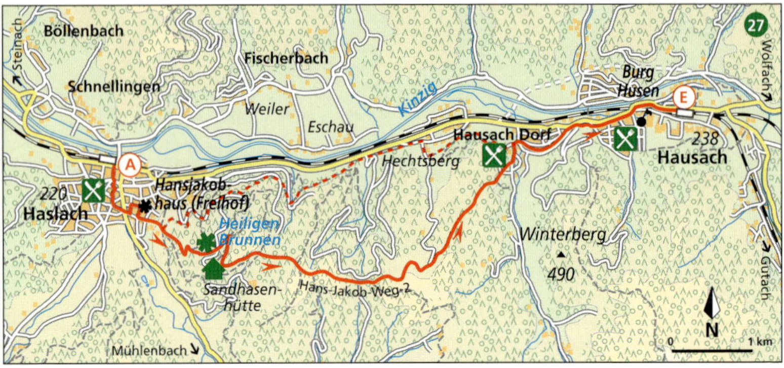

hütte (Schutzhütte), bei der sich eine schöne Aussicht bietet. Sie ist benannt nach Carl Sandhaas (1801–59), dem »närrischen Maler« von Haslach; er errichtete sich um 1830 an dieser aussichtsreichen Stelle eine Hütte. Weiter durch den Wald wandernd, gesellt sich beim **Bannstein** (Grenzpunkt der Gemarkungen von Haslach, Mühlenbach und Hausach) als weitere Markierung das Muschelzeichen des Kinzigtäler Jakobswegs zu unserer Route, während uns die blaue Raute bald darauf verlässt. Nun treten Hansjakob- und Jakobsweg in aussichtsreiche Wiesenflur, am **Oberen Hof** (Mathesenhof) bietet sich ein prachtvoller Blick über das Kinzigtal hinweg zum Brandenkopf. Im Wald geht es nun hinab nach **Hausach-Dorf**; die Dorfkirche neben dem Friedhof enthält sehenswerte gotische Fresken.

Wer zurück nach Haslach wandern will, folgt der Markierung rotes Andreaskreuz am Dorfbauernhof vorbei auf dem Kaiserwaldweg nach Hechtsberg; dort geht es mit dem Zeichen roter Strich weiter zur Teufelskanzel, einem sagenumwobenen Aussichtspunkt über dem Kinzigtal, und zurück zur Rotkreuzhütte.

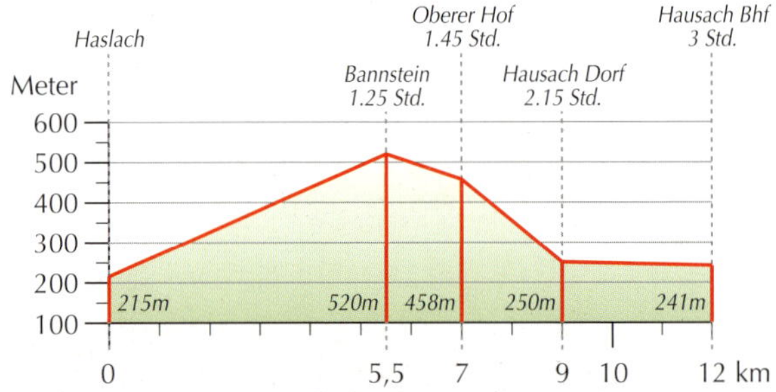

Heiliger Brunnen

Das Wasser des Heiligen Brunnens soll die Fruchtbarkeit fördern, weshalb die Quelle auch Kindlesbrunnen genannt wird.

Anders als an anderen Quellen, um die sich ähnliche Legenden ranken, bitten am Heiligen Brunnen nicht Frauen um die Erhörung von Kinderwünschen, sondern Einzelkinder wünschen sich hier ein Brüderchen oder ein Schwesterchen und stellen zum Zeichen dafür ein Holzkreuz an die Quelle.

Die Quelle soll dem Boden entsprungen sein, als ein hier lebender Einsiedler namens Rudolfus von Mordgesindel umgebracht wurde. Zu Erinnerung daran wurde unter den alten Buchen eine Kapelle erbaut.

27

Mit Ziel Hausach gehen wir bei der Dorfkirche rechts weiter durch die Dietersbachstraße, die unterhalb von **Burg Husen** auf die Hauptstraße mündet, der steile Abstecher zur Burg ist ausgeschildert. Die weithin sichtbare Burgruine Husen auf einem Bergsporn hoch über dem Städtchen bietet dank ihrer exponierten Lage eine hervorragende Aussicht ost- und westwärts in das Kinzigtal sowie nordwärts in das Einbachtal mit dem darüber aufragenden Brandenkopf, dem »König des Schwarzwalds«. Die Ruine ist frei zugänglich, der Bergfried ist von Mai bis Oktober jeden ersten Sonntag im Monat von 12–18 Uhr geöffnet. Der Hauptstraße folgt der Hansjakobweg durch **Hausen** bis zur Abzweigung der Breitenbachstraße, während wir noch ein Stück weiter bis zum Bahnhof gehen.

links: Früher Morgen im Kinzigtal

rechts: Haslach ist bis heute ein wichtiger Marktort.

28 Von Haslach zu den Höhehäusern

Im aussichtsreichen Süden des Naturparks: Haslach – Fahrenbacher Kreuz – Höhehäuser – Hofstetten – Haslach

Vom Kinzigtal führt diese erstklassige Panoramawanderung zu den Höhehäusern, einem der besten Aussichtsplätze im mittleren Schwarzwald. Von dort führt der Hansjakobweg zurück in die Fachwerkstadt Haslach.

mittel

26 km

$6^1/_2$ Std.

ja

▶ **Tourencharakter:** Waldwanderung mit vielen Aussichtsstellen.
▶ **Beste Jahreszeit:** Frühjahr bis Herbst.
▶ **Ausgangs-/Endpunkt:** Bahnhof Haslach an der Schwarzwaldbahn.
▶ **Wanderkarte:** Schwarzwaldvereins-Wanderkarte 1:50 000 Blatt 4 Offenburg Hornberg (Landesvermessungsamt Baden-Württemberg) oder Atlasco-Wanderkarte 1:30 000 Blatt 235 Lahr Haslach und Blatt 218 Waldkirch Elztal.
▶ **Markierung:** Blaue Raute (Zugangsweg), Schlapphut (Hansjakobweg) und namentliche Ausschilderungen.
▶ **Verkehrsanbindung:** Schwarzwaldbahn Offenburg – Gengenbach – Haslach – Hausach. A 5 Basel – Karlsruhe Ausfahrt Offenburg, weiter auf der B 33 an Offenburg vorbei durch das Kinzigtal bis Haslach.
▶ **Einkehr:** Haslach, Höhenhäuser, Biereck, Hofstetten.
▶ **Tourist-Info:** Tourist Information Haslach, Im Alten Kapuzinerkloster (Klosterstr. 1), 77716 Haslach im Kinzigtal, www.haslach.de

Der Wegverlauf

Vor dem Bahnhof **Haslach** queren wir die Schwarzwaldstraße (B 33) und gelangen durch die Gerbergasse in die sehenswerte Fachwerkaltstadt, am Rathaus vorbei zur katholischen Stadtkirche, dahinter rechts (Seilerbahn) und über die Klosterbrücke zum ehemaligen **Kapuzinerkloster** mit dem **Schwarzwälder Trachtenmuseum**. Durch die Klosterstraße folgen wir der Markierung blaue Raute durch die Kloster- und die Eichenbachstraße bergwärts, zuletzt geht es auf dem Eichenbachweg hinein in den

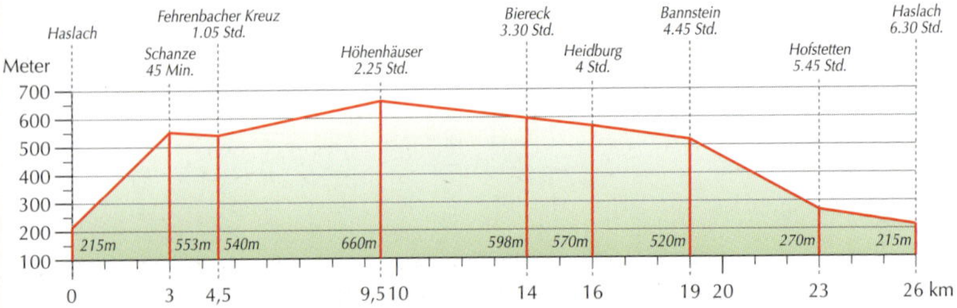

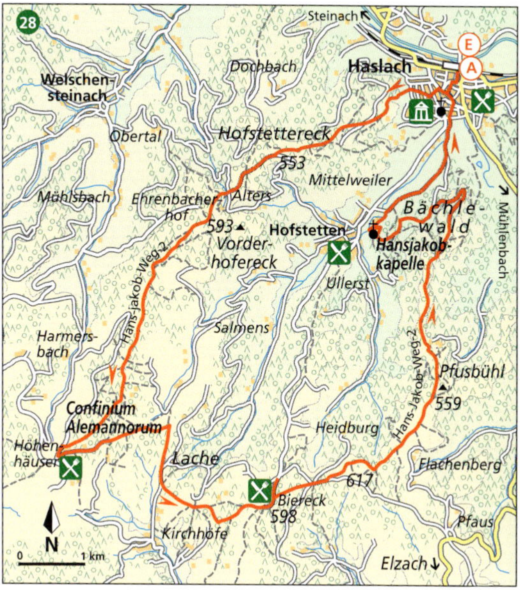

Wald und mit stellenweise exzellenter Aussicht zu den **Sieben Lochen** genannten Grenzsteinen sowie zu einer so genannten **Schwedenschanze**, wie sie von Bauern im Dreißigjährigen Krieg zum Schutz vor mordgierigem Kriegsvolk angelegt wurde.

Hier mündet unser Weg auf den von Steinach heraufführenden Großen Hansjakobweg, der weiter zum **Fehrenbacher Kreuz** führt, in dessen Nähe der in einer der Erzählungen Hansjakobs genannte Fehrenbacher Hof liegt. Im Wald geht es weiter aufwärts und über das **Hesseneck** am **Confinium Alemannorum** und zum Gasthof Zum Kreuz in **Biederbach-Höhehäuser**. Die Höhehäuser im Quellbereich der Schutter und auf der Wasserscheide zwischen Schutter und Elz sind einer der aussichtsreichsten Plätze an der Grenze der Naturparks Schwarzwald Mitte/Nord und Südschwarzwald. Imposant ist vor allem der Blick über das Elztal hinweg bis hin zum Kandel. An den Höhehäusern kreuzen sich der Kandel-Höhenweg, der Große Hansjakobweg und der Querweg Lahr – Rottweil.

Schon vor Erreichen des Gasthofs zweigt der Hansjakobweg

Fehrenbacher Kreuz

Das Fehrenbacher Kreuz auf der sog. Teufelsküche an der Gemarkungsgrenze zwischen Hofstetten und Welschensteinach wurde 1872 von Wendelin und Genovefa Fehrenbacher gestiftet. Neben dem Kreuz ist ein Höllenhund begraben, der ab 1863 auf dem Fehrenbacher Hof sein Unwesen getrieben hatte. Der Höllenhund, der die Bewohner des Hofs auch in Gestalt einer Schlange in Angst und Schrecken versetzt hatte, war von einem Haslacher Kapuziner gebannt worden und hatte vor seiner Beerdigung zu erkennen gegeben, dass er der böse Geist des prozesswütigen Bauern Josef Fehrenbacher sei. Die Errichtung des Sandsteinkreuzes war mit dem Wunsch verbunden, die Seele Josef Fehrenbachers möge für immer ihre Ruhe finden.

links ab und führt im Gleichlauf mit dem Querweg Lahr – Rottweil (rotgelbe Raute) hinab zur **Lache**, der Passhöhe zwischen Hofstetten und Oberbiederbach. In sachtem Anstieg geht es aufwärts zum Gasthof an der **Biereck**; hier wird an Pfingsten wie auf dem Fohrenbühl noch der Schellenmarkt abgehalten. Gleich unterhalb des aussichtsreich gelegenen Gasthofs geht es weiter zur ehemaligen **Heidburg**, von diesem »Steinschlössle« (1531) auf einem Buntsandsteinkegel ist kaum etwas erhalten. Wenig später trennt sich der Hansjakobweg vom Querweg und führt geradeaus weiter am **Flachenberger Kreuz** vorbei über den **Pfusbühl** und senkt sich schließlich steil hinab zum **Bannstein Bächlewald** an der Grenze von Hofstetten und Haslach und schwingt wenig später an der **Willi-Kern-Hütte** links zur **Hansjakobkapelle**, der Grabkapelle des Volksschriftstellers am Rand von **Hofstetten**. Nun noch eine knappe halbe Stunde im Tal des Hofstetterbachs, und wir sind zurück in **Haslach**.

Marterl mit geschmückter Marienstatue beim Gasthaus »Kreuz« in Höhehäuser.

Die wenigen Höfe von Höhenhäuser auf dem Bergrücken zwischen Elz- und Schuttertal

Aus dem Schuttertal zur Hohengeroldseck

29

Im sanften Süden der Ortenau: Seelbach – Schönberg – Hohengeroldseck – Reichenbach – Seelbach

Hervorragende Ausblicke und die mächtige Burgruine Hohengeroldseck sind die Höhepunkte dieser Wanderung, auf der wir auch eines der ältesten Gasthäuser Deutschlands kennen lernen.

▶ **Tourencharakter:** Waldwanderung mit vielen Aussichtsstellen.
▶ **Beste Jahreszeit:** Frühjahr bis Herbst.
▶ **Ausgangs-/Endpukt:** Ortszentrum von Seelbach im Schuttertal.
▶ **Wanderkarte:** Schwarzwaldvereins-Wanderkarte 1:50 000 Blatt F 4 Offenburg Hornberg (Landesvermessungsamt Baden-Württemberg) oder Atlasco-Wanderkarte 1:30 000 Blatt 235 Lahr Haslach.
▶ **Markierung:** Rotblaue Raute (Querweg), rote Raute (Kandel-Höhenweg), blaue Raute (Zugangsweg) und namentliche Ausschilderungen.
▶ **Verkehrsanbindung:** Schwarzwaldbahn Offenburg – Gengenbach – Haslach – Hausach. A 5 Basel – Karlsruhe Ausfahrt Offenburg, weiter auf der B 33 an Offenburg vorbei durch das Kinzigtal bis Haslach.
▶ **Einkehr:** Seelbach, Sodhof, Löwen, Reichenbach.
▶ **Tourist-Info:** Tourist-Info Seelbach, Hauptstraße 7 (Rathaus), 77960 Seelbach, www.seelbach-online.de; Tourist Information Lahr, Kaiserstraße1, 77933 Lahr/Schwarzwald, www.lahr.de

leicht
13 km
3 1/4 Std.
ja

Der Wegverlauf

Von der Nikolauskirche folgen wir kurz der Durchgangsstraße (Tretenhofstraße) Richtung Schuttertal, bis der Querweg (rotblaue Raute) links in den Hang wechselt und aussichtsreich zum Wald hinaufführt, an dessen Rand er den Seelbacher Panoramaweg (rotes Dreieck) kreuzt. Anfangs sehr aussichtsreich, später im Wald leitet der Querweg aufwärts und mündet im Kapellenwald auf den Kandel-Höhenweg (rote Raute). Wer einkehren will, folgt dem Kandel-Höhenweg und dem Querweg rechts weiter zum Gasthof **Sodhof** in Schuttertal-Michelbronn.

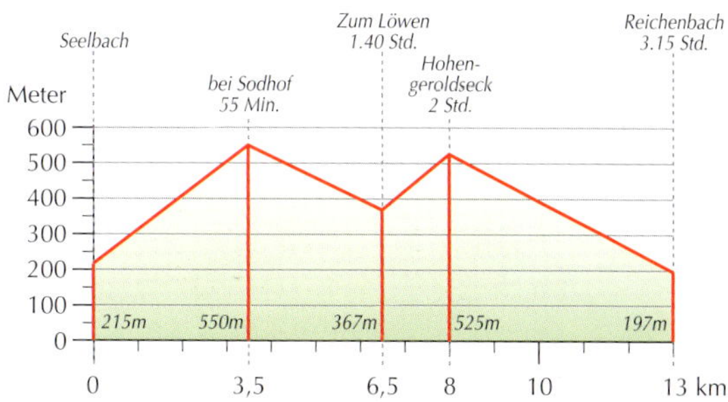

Vom Gasthof geht es dann zurück zur Abzweigung und auf dem Kandel-Höhen-

29

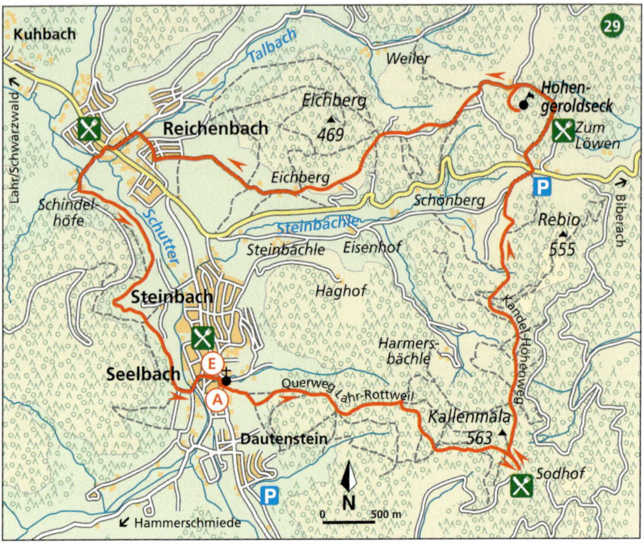

weg weiter, bis wir in Seelbach-**Schönberg** die aussichtsreiche Passhöhe zwischen Schutter- und Kinzigtal unterhalb der Burgruine Hohengeroldseck erreichen. Malerisch liegt hier der Gasthof **Zum Löwen**; das wunderschöne Fachwerkhaus mit Nobelrestaurant und Gästewohnungen nimmt für sich in Anspruch, das älteste Gasthaus Deutschlands zu sein. 2004 wurden Haus und Gelände zwangsversteigert, die Zukunft des schmucken Gebäudes ist ungewiss.

Vom Pass führt der Kandel-Höhenweg um den Burgberg herum zur Wegeverzweigung am Nordfuß: Hier beginnt der kurze steile Weg hinauf zur Burgruine **Hohengeroldseck**.

Zurück an der Wegeverzweigung am Nordfuß des Burgbergs folgen wir der Zugangsweg-Markierung blaue Raute teilweise in aussichtsreicher Wiesenflur, teilweise im Wald links hinab nach Lahr-**Reichenbach** im Schuttertal. Die Reichenbacher Hammerschmiede aus dem frühen 19. Jahrhundert ist 1978 in den Besitz der Stadt Lahr übergegangen und seit 1982 als technisches Kulturdenkmal (Heimatmuseum) öffentlich zugänglich. An der Durchgangsstraße befindet sich die Bushaltestelle, wer nach Seelbach zurückwandern will, hat noch 20 Min. auf dem Querweg vor sich.

Durch den Taubergießen

30

Naturparadies am Fuße des Schwarzwalds: Zollhaus Taubergießen – Herrenkopfbrücke – Zuckerbrücke – Zollhaus Taubergießen

Diese leichte Waldwanderung führt durch den Taubergießen, eines der bedeutendsten Auenwald- und Feuchtbiotope im Vorfeld des Schwarzwalds.

leicht
11 km
3 Std.
ja

▶ **Tourencharakter:** Bequeme Waldwanderung mit Aussichtsstellen. Beste Jahreszeit: Ganzjährig, bei Hochwasser besteht Überflutungsgefahr.
▶ **Ausgangs-/Endpunkt:** Informationsstelle Zollhaus Taubergießen in Rhinau auf der rechten Seite des Rheins beim Anleger der Rheinfähre.
▶ **Wanderkarte:** Wanderkarte 1:25 000 Naturschutzgebiet Taubergießen, erhältlich am Ausgangspunkt im Zollhaus Taubergießen.
▶ **Markierung:** Blaue Wellen (Rheinauenweg) und Kormoran (Kormoranweg).
▶ **Verkehrsanbindung:** Anfahrt auf der A 5 Basel – Karlsruhe Ausfahrt Ettenheim und via Kappel-Grafenhausen Richtung Rhinau (Rheinau).
▶ **Einkehr:** Kiosk am Ausgangspunkt.
▶ **Tourist-Info:** Verkehrsamt Rust, Fischerstraße 51, 77977 Rust, www.rust.de; Touristik-Information Kappel-Grafenhausen, Rathausstraße 13, 77966 Kappel-Grafenhausen, www.kappel-grafenhausen.de; Office de Tourisme, 35, rue du Rhin, 67860 Rhinau, www.rhinau.com (auch auf Deutsch); Gemeinde Rheinhausen, Hauptstraße 152, Postfach 1140, 79365 Rheinhausen, www.rheinhausen.info/

Der Wegverlauf

Von der **Informationsstelle Zollhaus Taubergießen** folgen wir dem Rheindamm aussichtsreich stromaufwärts, links fällt der Blick in die baum- und buschreichen Randzonen des Taubergießen, rechts schiebt sich eine bewaldete Dammzunge zwischen den aufgestauten Innenrhein und den begradigten Tulla'schen Rhein. Schon bald lädt rechts unten an einer Stelle mit viel Reet eine geräumige **Beobachtungshütte** dazu ein, dem regen Vogelleben auf und an der seeartigen Wasserfläche zuzusehen. Wir folgen weiter dem aussichtsreichen Kiesweg auf der Krone des Deichs und biegen an der ersten Verzweigung halb rechts zum Wasser ab (Rheinauenweg). Die hölzerne **Herrenkopfbrücke** bietet einen schönen Blick über

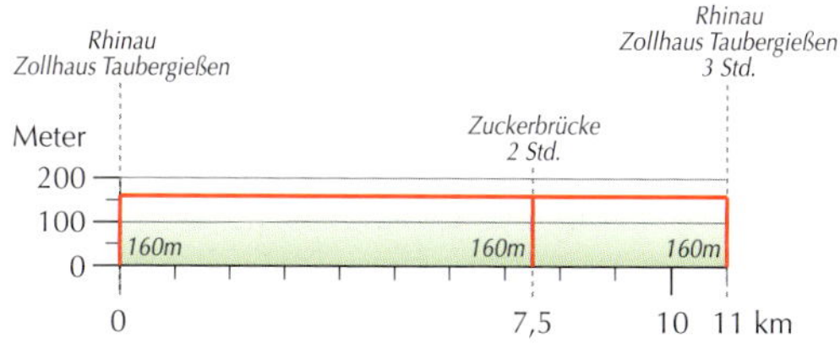

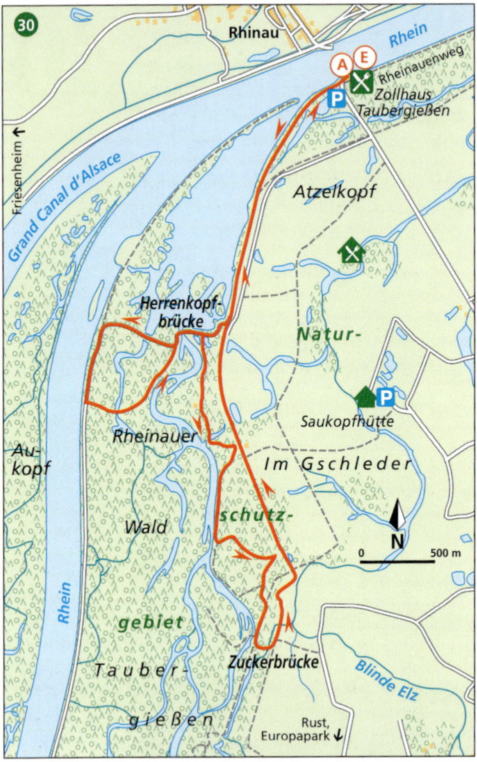

das Wasser, an der Brücke laden Tisch und Bänke zur Rast, und Lehrtafeln erläutern Folgen der Rheinkorrektion.

Angekommen am Rhein, warnt ein Gefahrenschild, dass die Kraftwerke rasch ansteigende Hochwässer auch bei schönem Wetter verursachen können. Wir wandern stromaufwärts, und schon bald biegt der Kormoranweg links auf einen schmalen Weg ab, der sich durch den Bannwald schlängelt und einen Altarm auf einer Brücke überquert.

Hier ruht jede forstliche Nutzung, die weitere Entwicklung des Waldes ist sich selbst überlassen. Am ersten Weg geht es links weiter und zurück zur Info-

Die Rhein-Altwasser des Taubergießen bieten ungewohnte Stille.

tafel an der **Herrenkopfbrücke**. Wir gehen nicht ganz zurück zum Hochwasserschutzdeich, sondern zweigen auf den ersten Weg rechts ab (keine Markierung, vor dem röhrichtgesäumten Teich) und folgen ihm innerrheinaufwärts im Auenwald. Hinter einer steinernen Furt, die bei hohen Wasserständen überflutet sein kann, läuft der Weg links auf den Hochwasserdeich zu, wir nehmen den hier rechts abzweigenden Weg. Wenn dieser bei Deichkilometer 4 erneut auf den Hochwasserdeich trifft, folgen wir der Krone rechts Richtung Zuckerbrücke auf einem schönen ungekiesten Feldweg.

An der Verzweigung mit Blick auf den Freizeitpark Rust geht es auf dem Steinköpfleweg rechts über die steinerne **Zuckerbrücke** und geradeaus in den Wald hinein, gleich rechts schwingend an der **Rappenkopfbrücke** vorbei. Wenn der Waldweg wieder auf den Hochwasserdeich trifft, können wir der Krone des letzteren zum Ausgangspunkt beim **Zollhaus Taubergießen** folgen.

Taubergießen – Urwald zu Füßen des Schwarzwalds

Der Taubergießen in einer Gabelungszone des Oberrheins zählt zu den bedeutendsten Auenwald- und Feuchtbiotopen Mitteleuropas und hat internationale Bedeutung als Rast- und Überwinterungsgebiet zahlreicher Vogelarten.

Mit seinem kilometerlangen Netz sich verzweigender und wieder vereinigender Altarme, gesäumt von Röhrichten und mehrstöckigen Auenwäldern, erstreckt sich das größte Naturschutzgebiet Baden-Württembergs auf einer Länge von 12 km und einer Breite von bis zu 2,5 km zwischen dem Tulla'schen Rhein und der Blinden Elz auf dem Gebiet der Gemeinden Rheinhausen, Rust und Kappel-Grafenhausen sowie der elsässischen Gemeinde Rhinau (Rheinau).

Da sich der Lauf des Rheins bis zur Tulla'schen Rheinkorrektion ständig änderte, lagen diejenigen Gebiete, die heute rechts des Tulla'schen Rheins zur Gemeinde Rhinau gehören, im 16. Jh. links des Rheins; 1542 wurde der Vertrag über den Besitz der Gemeinde Rhinow geschlossen, er wurde nicht mehr geändert, als der Hauptstrom später sein Bett verlagerte und schließlich Tulla ab 1817 die Rheinkorrektion durchführte. Der Ausgangspunkt der Wanderung liegt auf französischem Gebiet. Die Westgrenze des Naturschutzgebiets folgt über weite Strecken der deutsch-französischen Grenze in der Mitte des tullaschen Rheins.

Auf französischer Seite liegt zwischen dem Tulla'schen Rhein und dem Grand Canal d'Alsace (Großer Elsass-Kanal) die 10 km lange Insel Rhinau (Ile de Rhinau).

Der Südteil dieser Insel mit zum Teil urwaldähnlichen Auenwäldern wird von Reihern bewohnt und ist Naturschutzgebiet, in den Wintermonaten sammeln sich in den Pappeln mehr als 200 Kormorane.

Im Nordosten der Insel mündet der von Straßburg kommende Rhein-Rhône-Kanal in den Großen Elsass-Kanal, vier Schleppkähne haben in der riesigen Schleuse von 185 m Länge und 12 m Breite Platz; die Verwaltungsgebäude entwarf Le Corbusier.

Die Südgrenze des Naturschutzgebiets Taubergießen bildet der Leopoldskanal, an den sich südlich das Naturschutzgebiet »Rheinniederung Wyhl-Weisweil« anschließt.

Register

Absbachwasserfall 17
Albtal 38, 56
Alexanderschanze 79, 92
Allerheiligen 84
Allerheiligenfälle 17, 84
Alpirsbach 20, 21, 22
Alteberstein 36, 62
Altensteig 21, 36, 52
Auerhahn 100

Bad Herrenalb 19, 56
Bad Liebenzell 17, 19, 46, 48
Bad Peterstal 17
Bad Rippoldsau 17, 19, 96
Bad Rotenfels 19, 20
Bad Teinach 19, 50
Bad Wildbad 19, 23, 44
Baden-Baden 22, 24, 36, 62
Badener Höhe 67, 68
Badische Weinstraße 20
Baiersbronn 17, 20, 79
Barbarakapelle 38
Bärhag 86
Battert 22, 62
Bergle 90
Bernstein 59
Biberach 89
Biereck 114
Brandenkopf 92, 94
Buhlbachsaue 79
Buhlbachsee 79
Bühlertal 71
Burgbachwasserfall 17, 96
Busenbach 38

Calw 21, 25, 36, 48, 50
Confinium Alemannorum 113

Dantersbach 91
Dautenstein 36
Deutsche Fachwerkstraße 20
Deutsche Uhrenstraße 21
Dobel 41
Dornstetten 21, 26

Edelfrauengrab 17
Egenhäuser Kapf 52
Eiberg 44
Ellbachseeblick 79
Engenbach 89
Ettlingen 36
Eutinggrab 82
Eyachmühle 43
Eyachtal 41

Fahrenbacher Kreuz 112
Falkenfelsen 8, 71
Favorite 33, 36
Fohrenbühl 102
Forbach 65
Frauenalb 20, 40
Freihof (Hansjakobhaus) 109
Freudenstadt 20, 26

Gaggenau 19, 20, 59
Gaisbach 36
Gaishöll-Wasserfälle 17
Gausbach 65
Gengenbach 27
Gernsbach 20, 28
Geroldsauer Wasserfall 17
Gertelbachfälle 17, 71
Glaswaldsee 94
Griesbach 17
Grünhütte 54

Hansjakobhaus (Freihof) 109
Hansjakobkapelle 114
Harkhof 92
Haslach 20, 21, 29, 109, 112
Hausach 36, 92, 109
Herrenwies 68
Herrenwieser See 70
Hirsau 21, 26, 36, 48
Hochkopf 73
Höfen 44
Hofstetten 112, 114
Höhehäuser 112
Hohenbaden 36
Hohengeroldseck 14, 36, 115
Hohennagold 36, 52
Hohenschramberg 36, 102
Hohloh 65
Horb am Neckar 29
Hornberg 36, 105
Hornisgrinde 21, 73
Hundseck 73
Huzenbach 76
Huzenbacher See 76

Kaltenbronn 54
Karlsruhe 30
Klosterreichenbach 20, 76
Klosterroute Nordschwarzwald 21
Kniebis 79, 92
Kohlbergwiese 71
Kornebene 86
Kreuzsteinhütte 44, 45
Krokuswiesen 50
Kurhaus Sand 73

Lahr 116
Latschigfelsen 65
Laufbachfälle 17
Lautenbach im Renchtal 31
Lenzkirch 21
Liebeneck 36
Liebenzell 36
Lindenbüble 107
Loffenau 17
Lützelhardt 36

Mahlberg 37, 59
Marxzell 38
Maulbronn 21, 31
Mehliskopfturm 73
Michelbach 59
Monbachtal 17, 46
Moosbronn 59
Mooskopf 88
Moosturm 86
Mosbach 20
Mummelsee 73, 82
Murgtal 65

Nagold 36, 52
Neubulach 19
Neuenbürg 37, 41
Nordrach 86

Oberkirch 36, 37, 84
Ochsenstall 73
Oppenau 17, 84
Ortenau 14
Ortenberg 37
Ottenhöfen 17

Pforzheim 32
Plotzsägmühl 56, 58

Rastatt 33
Reichenbach 116
Rohrdorf 52
Rottweil 21, 34
Ruhestein 82
Rust 34

Salzlecke 99
Sankenbachfälle 79
Sankenbach-Wasserfälle 17
Sankt Georgen 105
Sasbachwalden 17
Schapbach 17, 96
Schauenburg 37, 84
Schenkenburg 37
Schenkenzell 98
Schiltach 21
Schilteck 37
Schramberg 21, 36, 37, 102
Schuttertal 115
Schwaibach 89
Schwanner Warte 41
Schwarzenbachtalsperre 68, 70
Schwarzwald-Bäderstraße 18
Schwarzwaldbahn 11
Schwarzwaldhochstraße 18
Schwarzwald-Tälerstraße 19
Schwarzwaldverein 11
Seelbach 36, 115
Seibelseckle 82
Sodhof 115
St. Roman 98
Staude 106

Taubergießen 117
Teisenkopf 99

Unterstmatt 73

Villingen-Schwenningen 21

Waldbronn 19, 38
Waldkirch 21
Wendenstein 45
Wenkweg 89
Wiedenbachtal 8
Wiedenfelsen 71
Wildseemoor 54
Wittichen 98
Wolfach 34, 37, 98
Wolfsschlucht 62

Zavelstein 37, 50
Zell am Harmersbach 35

SCHWARZWALD
MITTE/NORD

TOUREN
KARTEN

Zum Heraustrennen

BRUCKMANN

1 Von Waldbronn nach Marxzell

Hoch über dem Albtal: Busenbach – Kurpark Waldbronn – Barbarakapelle – Tornadostein – Marxzell

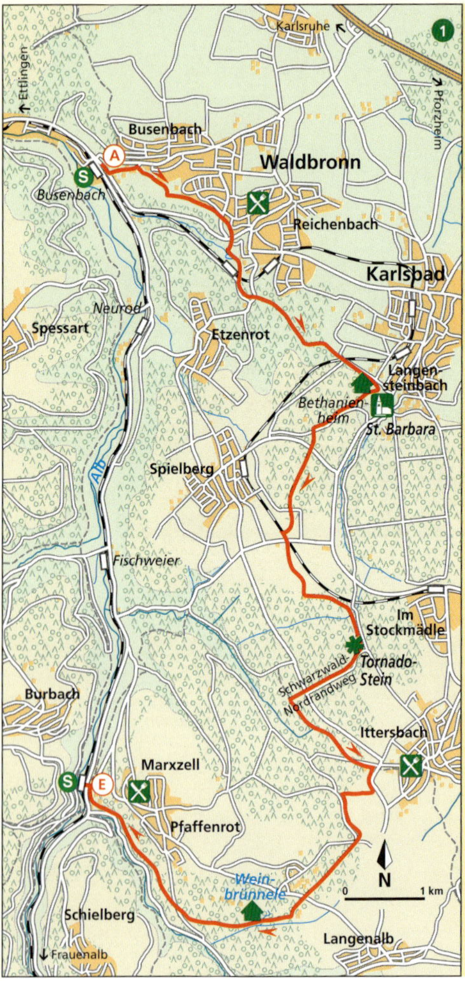

▶ **Ausgangspunkt:** S-Bahn-Haltestelle Busenbach an der S 1 Karlsruhe – Ettlingen – Marxzell – Bad Herrenalb; alternativ S-Bahnhaltestelle Kurpark Waldbronn an der S 11 Karlsruhe – Busenbach – Waldbronn – Karlsbad.

▶ **Endpunkt:** S-Bahnhaltestelle Marxzell an der S 1 Karlsruhe – Ettlingen – Marxzell – Bad Herrenalb

▶ **Wanderkarte:** Schwarzwaldvereins-Wanderkarte 1:50 000 Blatt 1 Karlsruhe/Pforzheim (Landesvermessungsamt Baden-Württemberg).

▶ **Markierung:** Blaue Raute (Nordrandweg) und namentliche Ausschilderungen; ab oberhalb Ittersbach gelber Punkt (Hans-Haarmann-Weg) und namentliche Ausschilderungen.

▶ **Verkehrsanbindung:** A 8 Karlsruhe – Stuttgart Ausfahrt Karlsbad und weiter nach Waldbronn. S-Bahn S 11 Karlsruhe Hauptbahnhof – Busenbach – Waldbronn – Karlsbad bzw. S 1 Karlsruhe Hauptbahnhof – Ettlingen – Busenbach – Marxzell – Bad Herrenalb.

▶ **Einkehr:** Waldbronn, Ittersbach, Marxzell.

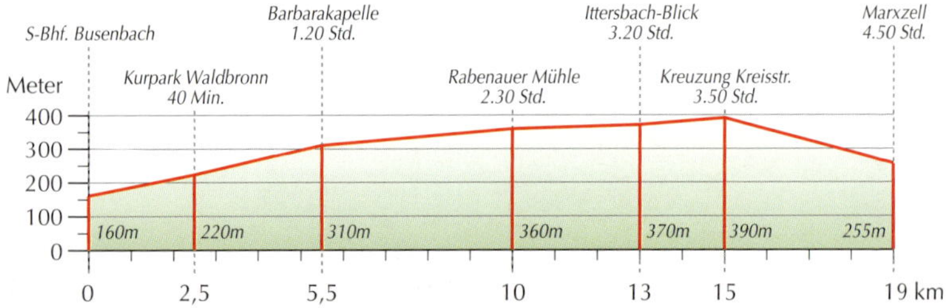

2 Von Neuenbürg zum aussichtsreichen Dobel

Von der Schlossstadt an der Enz in das romantische Eyachtal: Neuenbürg – Schwanner Warte – Dobel – Eyachmühle – Eyachbrücke

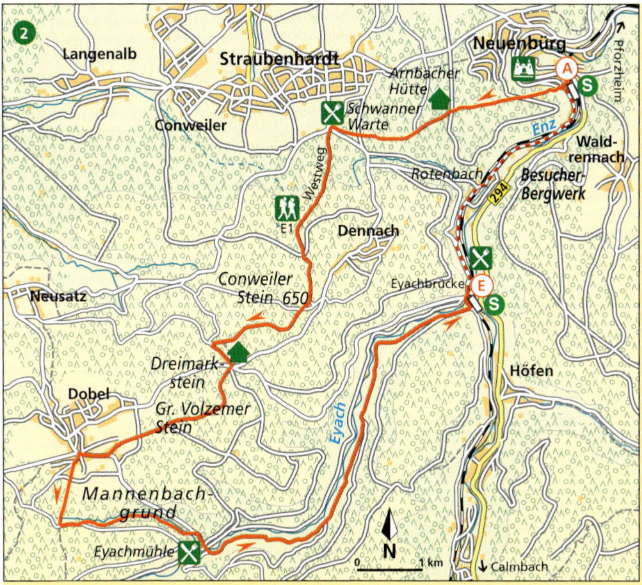

▶ **Ausgangspunkt:** S-Bahn-Haltestelle Neuenbürg Südbahnhof (startet man am Hauptbahnhof, dann geht man über den Schlossberg).

▶ **Endpunkt:** S-Bahn-Haltestelle Eyachbrücke (S 6 Pforzheim – Bad Wildbad, Direktverbindung zurück nach Neuenbürg).

▶ **Wanderkarte:** Schwarzwaldvereins-Wanderkarte 1:50 000 Blatt 1 Karlsruhe/Pforzheim (Landesvermessungsamt Baden-Württemberg) oder Atlasco-Wanderkarte 1:30 000 Blatt 231 Schwarzwald Bad Herrenalb Bad Wildbad.

▶ **Markierung:** Blaue Raute (Zugangsweg), rote Raute (Westweg) und namentliche Ausschilderungen.

▶ **Verkehrsanbindung:** Anfahrt auf der A 8 Karlsruhe – Pforzheim Ausfahrt Pforzheim West und auf der B 10 nach Pforzheim, dort der Beschilderung Richtung Bad Wildbad folgen (B 463). Neuenbürg ist ab Pforzheim mit der S-Bahn (S 6 Pforzheim – Bad Wildbad) und dem Bus gut erreichbar.

▶ **Einkehr:** Schwanner Warte, Dobel, Eyachmühle, Eyachbrücke.

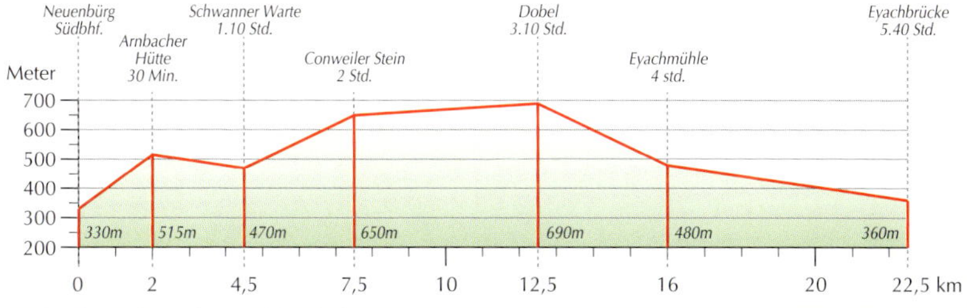

3 Von Höfen nach Bad Wildbad

Aussichtsreich über den Eiberg: Höfen – Kreuzsteinhütte – Spitzhütte – Wendenstein – Rennbachtal – Bad Wildbad

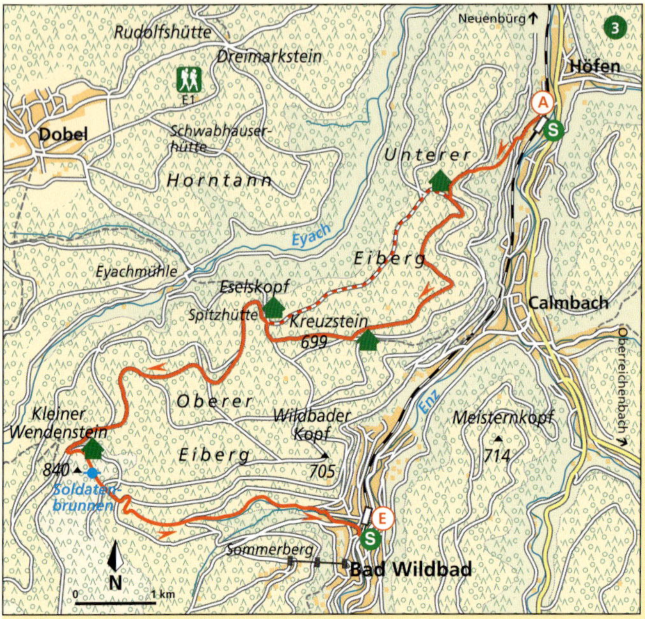

▶ **Ausgangspunkt:** S-Bahn-Haltestelle Höfen.

▶ **Endpunkt:** S-Bahn-Haltestelle Bahnhof (oder Kurpark) in Bad Wildbad.

▶ **Wanderkarte:** Schwarzwaldvereins-Wanderkarte 1:50000 Blatt 1 Karlsruhe/Pforzheim (Landesvermessungsamt Baden-Württemberg) oder Atlasco-Wanderkarte 1:30000 Blatt 231 Schwarzwald Bad Herrenalb Bad Wildbad.

▶ **Markierung:** Blaue Raute und namentliche Ausschilderungen.

▶ **Verkehrsanbindung:** Anfahrt auf der A 8 Karlsruhe – Stuttgart Ausfahrt Pforzheim West und auf der B 10 nach Pforzheim, dort der Beschilderung Richtung Bad Wildbad folgen (B 463). S-Bahn S 6 Pforzheim – Höfen – Bad Wildbad im Stunden- bzw. Halbstundentakt.

▶ **Einkehr:** Keine unterwegs.

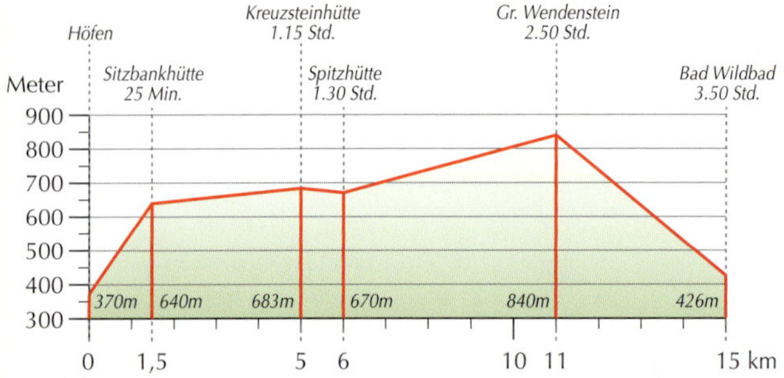

4 Durch das Monbachtal nach Bad Liebenzell

Durch die wildromantische Monbachklamm: Monbachtal – Pumpwerk – Monakam – Bad Liebenzell

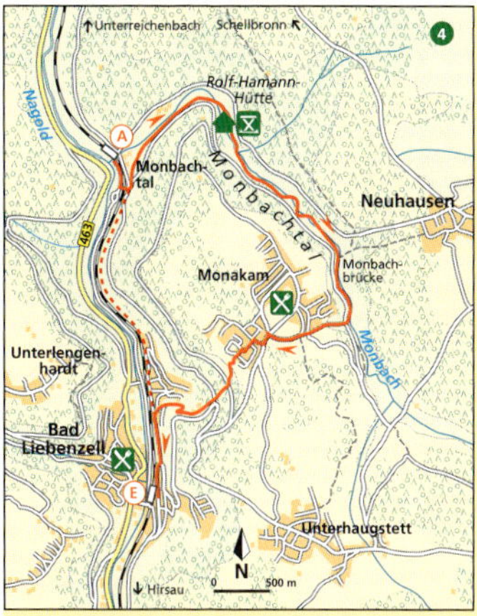

▶ **Endpunkt:** Bahnhof Bad Liebenzell.
▶ **Wanderkarte:** Wanderkarte: Schwarzwaldvereins-Wanderkarte 1:50 000 Blatt 1 Karlsruhe/Pforzheim (Landesvermessungsamt Baden-Württemberg).
▶ **Markierung:** Schwarz-rote Raute, blau-gelbe Raute und namentliche Ausschilderungen.
▶ **Verkehrsanbindung:** A 8 Karlsruhe – Stuttgart Ausfahrt Pforzheim West, dann via Pforzheim auf der B 463 weiter nach Bad Liebenzell. Nagoldtalbahn (DB-Regio) Pforzheim – Bad Liebenzell – Calw.
▶ **Einkehr:** Monakam, Bad Liebenzell.

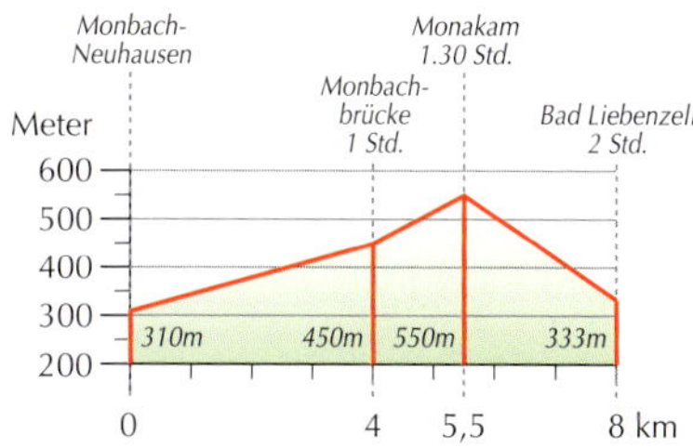

▶ **Ausgangspunkt:** Haltepunkt Monbach-Neuhausen der Nagoldtalbahn bzw. Parkplätze bei den Sportanlagen bei der Brückenzufahrt zum Monbachtal.

5 Von Bad Liebenzell nach Hirsau und Calw

Ruinenromantik und Hermann-Hesse-Stadt im Nagoldtal: Bad Liebenzell – Hirsau – Calw

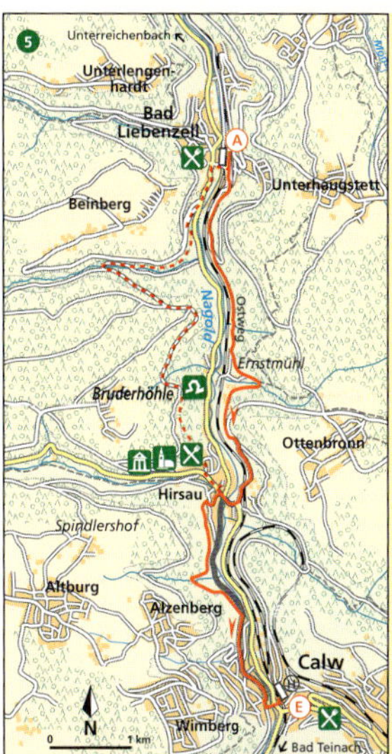

▶ **Ausgangspunkt:** Bahnhof Bad Liebenzell.
▶ **Endpunkt:** Bahnhof Calw.
▶ **Wanderkarte:** Schwarzwaldvereins-Wanderkarte 1:50 000 Blatt 1 Karlsruhe/Pforzheim (Landesvermessungsamt Baden-Württemberg).
▶ **Markierung:** Schwarz-rote Raute (Ostweg) und namentliche Ausschilderungen.
▶ **Verkehrsanbindung:** A 8 Karlsruhe – Stuttgart Ausfahrt Pforzheim West, dann via Pforzheim auf der B 463 weiter nach Bad Liebenzell. Nagoldtalbahn (DB-Regio) Pforzheim – Bad Liebenzell – Hirsau – Calw.
▶ **Einkehr:** Bad Liebenzell, Hirsau, Calw.

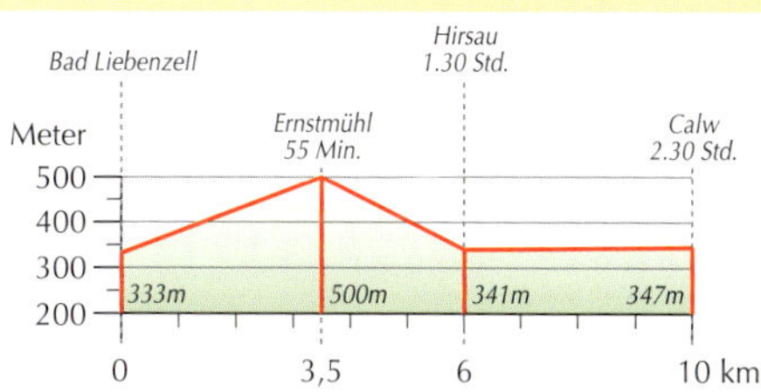

6 Über den Zavelstein nach Bad Teinach

Krokuswiesen, Stauferburg und königliches Hofbad: Calw – Zavelstein – Bad Teinach

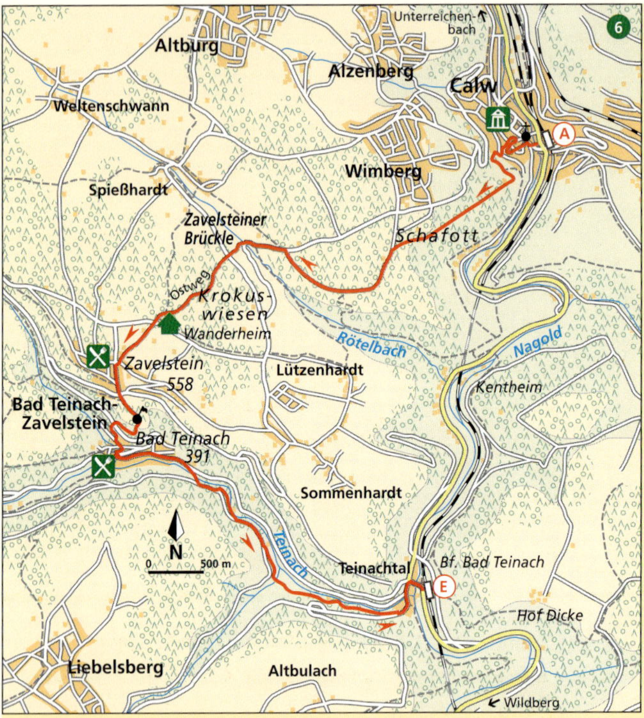

▶ **Ausgangspunkt:** Bahnhof Calw an der Nagoldtalbahn.

▶ **Endpunkt:** Bahnhof Bad Teinach an der Nagoldtalbahn.

▶ **Wanderkarte:** Schwarzwaldvereins-Wanderkarte 1:50000 Blatt F 3 Wildbad Freudenstadt (Landesvermessungsamt Baden-Württemberg).

▶ **Markierung:** Schwarz-rote Raute und namentliche Ausschilderungen, ab Bad Teinach blau-gelbe Raute.

▶ **Verkehrsanbindung:** A 8 Karlsruhe – Stuttgart Ausfahrt Pforzheim West, dann via Pforzheim auf der B 463 weiter nach Calw. Nagoldtalbahn (DB-Regio) Pforzheim – Bad Liebenzell – Hirsau – Calw – Horb.

▶ **Einkehr:** Bad Liebenzell, Zavelstein, Bad Teinach.

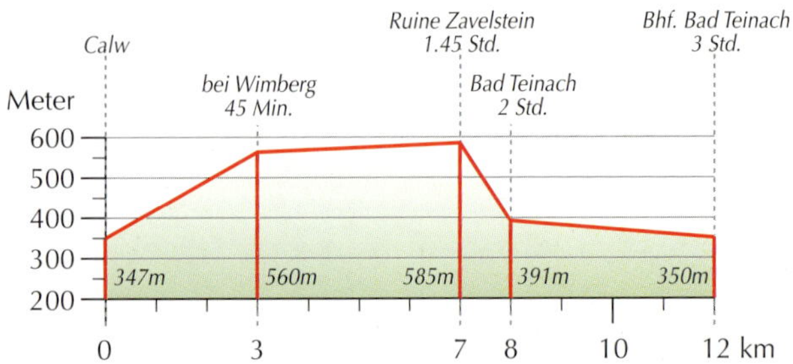

7 Über den Egenhäuser Kapf nach Altensteig

Fachwerkstädte, Naturidyllen, Panoramen: Nagold – Hohennagold – Egenhäuser Kapf – Altensteig

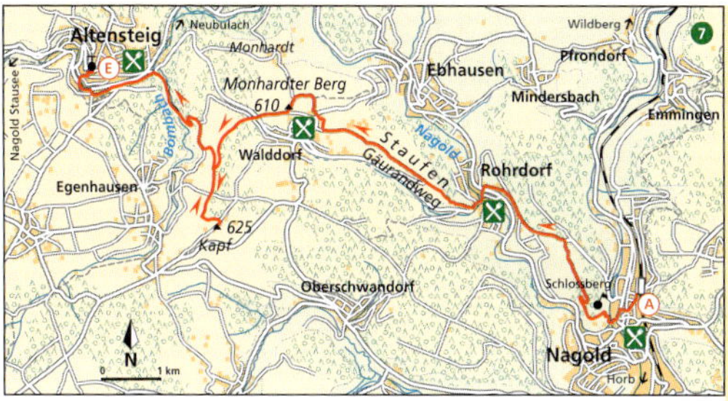

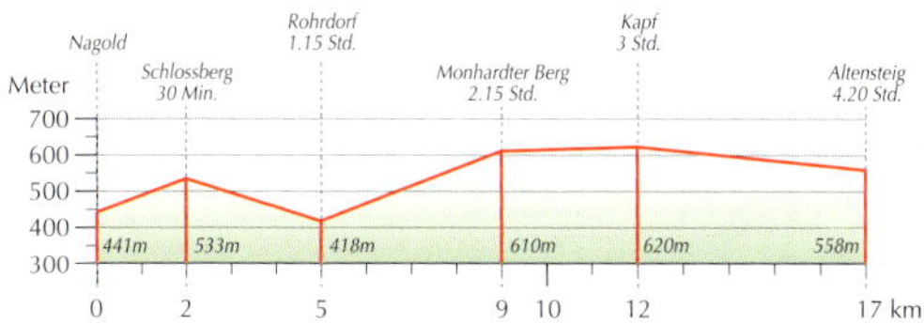

▶ **Ausgangspunkt:** Bahnhof Nagold an der Nagoldtalbahn.

▶ **Endpunkt:** Altensteig Zentrum.

▶ **Wanderkarte:** Schwarzwaldvereins-Wanderkarte 1:50 000 Blatt 3 Wildbad Freudenstadt (Landesvermessungsamt Baden-Württemberg).

▶ **Markierung:** Hagebutte in grüner Raute auf weiß (Gäurandweg), blaugelbe Raute (Ostweg-Zugangsweg) und namentliche Ausschilderungen.

▶ **Verkehrsanbindung:** Anfahrt auf der A 81 Stuttgart – Bodensee Ausfahrt Herrenberg, weiter auf der B 28 nach Nagold. Nagoldtalbahn (DB-Regio) Pforzheim – Bad Liebenzell – Hirsau – Calw – Nagold – Horb.

▶ **Einkehr:** Nagold, Rohrdorf, Walddorf, Altensteig.

8 Vom Kaltenbronn durch das Wildseemoor

Durch Deutschlands größtes Hochmoor: Kaltenbronn – Wildseemoor – Grünhütte – Kaltenbronn

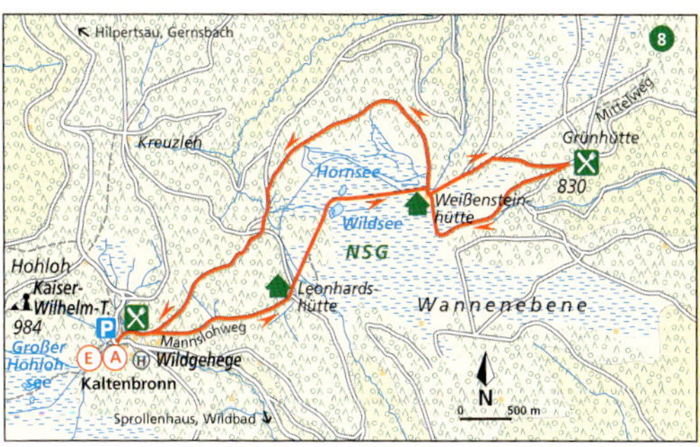

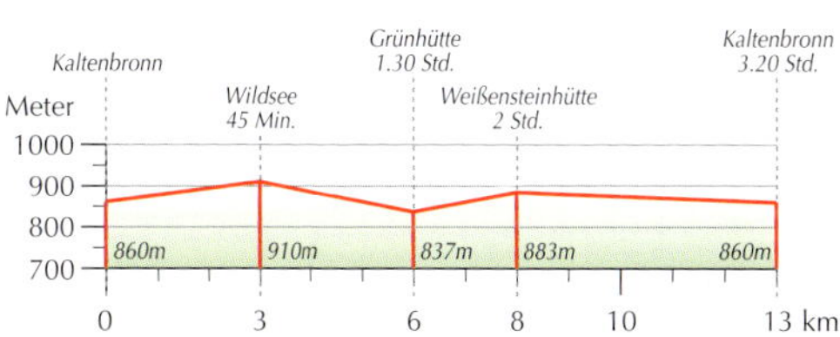

▶ **Ausgangs-/Endpunkt:** Bushaltestelle und Parkplatz am Skizentrum Gernsbach-Kaltenbronn.

▶ **Wanderkarte:** Schwarzwaldvereins-Wanderkarte 1:50 000 Blatt 1 Karlsruhe/Pforzheim (Landesvermessungsamt Baden-Württemberg) oder Atlasco-Wanderkarte 1:30 000 Blatt 231 Schwarzwald Bad Herrenalb Bad Wildbad.

▶ **Markierung:** Namentliche Ausschilderungen und rote Raute.

▶ **Verkehrsanbindung:** Linienbus ab Bahnhof Bad Wildbad bzw. ab Bahnhof Gernsbach, im Winter verkehren zusätzlich Skibusse.

▶ **Einkehr:** Kaltenbronn, Grünhütte.

9 Quellenerlebnispfad im Albtal

Zur Plotzsägmühl bei Bad Herrenalb: Bad Herrenalb – Plotzsägmühl – Bad Herrenalb

- **Ausgangs-/Endpunkt:** Bahnhof Bad Herrenalb.
- **Wanderkarte:** Schwarzwaldvereins-Wanderkarte 1:50 000 Blatt 1 Karlsruhe/Pforzheim (Landesvermessungsamt Baden-Württemberg) oder Atlasco-Wanderkarte 1:30 000 Blatt 231 Schwarzwald Bad Herrenalb Bad Wildbad.
- **Markierung:** Blaue Raute (Albtalweg), Libelle Quelli (Quellenerlebnispfad) und namentliche Ausschilderungen.
- **Verkehrsanbindung:** A 5 Basel – Frankfurt Ausfahrt Ettlingen und via Ettlingen nach Bad Herrenalb. S-Bahn S 1 Karlsruhe – Bad Herrenalb.
- **Einkehr:** Bad Herrenalb, Plotzsägmühl.

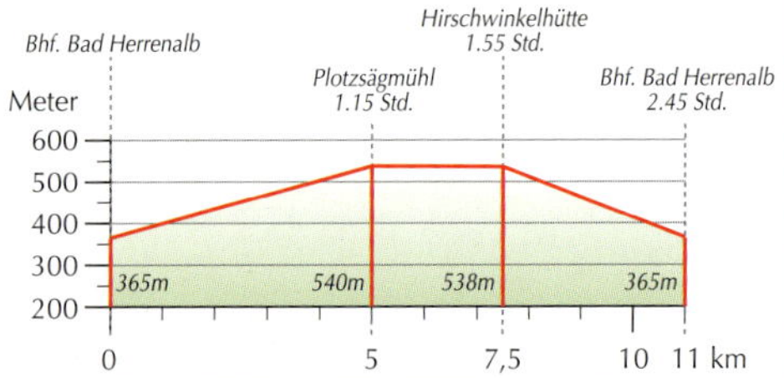

10 Von Gaggenau zum Bernstein

Schönster Aussichtsfelsen zwischen Murg- und Albtal: Gaggenau – Michelbach – Mahlberg – Moosbronn – Bernstein – Gaggenau

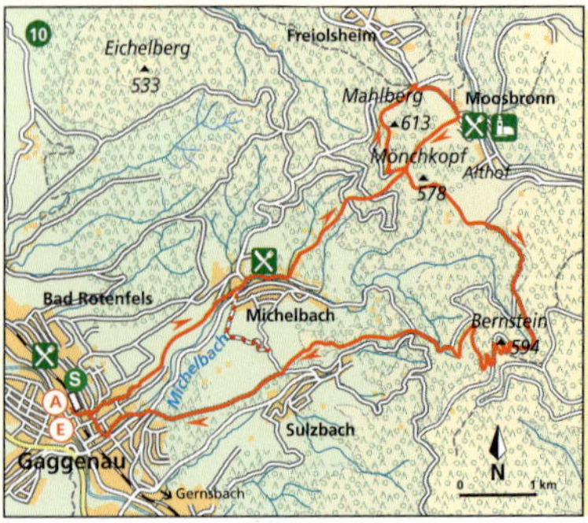

- **Ausgangs-/Endpunkt:** S-Bahnhof Gaggenau an der Murgtal-S-Bahn S 41 Rastatt – Freudenstadt. Wer die Wanderungen abkürzen will, fährt vom Bahnhof Gaggenau mit dem Bus Linie 253 nach Gaggenau-Michelbach (der Bus fährt weiter nach Gaggenau-Moosbronn).
- **Wanderkarte:** Schwarzwaldvereins-Wanderkarte 1:50 000 Blatt 1 Karlsruhe/Pforzheim (Landesvermessungsamt Baden-Württemberg) oder Atlasco-Wanderkarte 1:30 000 Blatt 231 Schwarzwald Bad Herrenalb Bad Wildbad.
- **Markierung:** Roter Punkt, blaue Raute und namentliche Ausschilderungen.
- **Verkehrsanbindung:** A 5 Basel – Karlsruhe Ausfahrt Rastatt, dann auf der B 462 durch das Murgtal nach Gaggenau; Murgtal-S-Bahn S 41 Rastatt – Gaggenau – Freudenstadt.
- **Einkehr:** Gaggenau, Michelbach, Moosbronn.

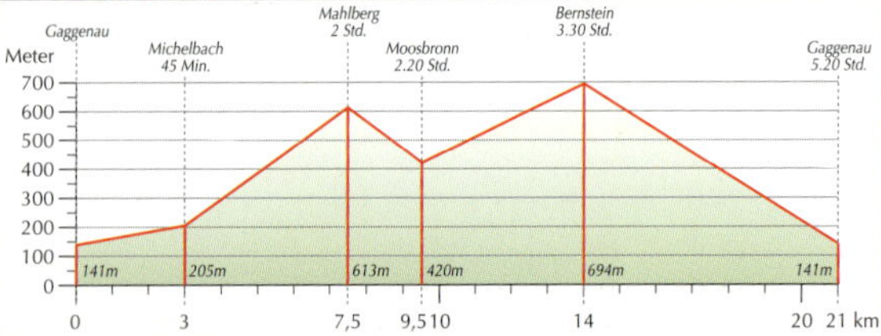

11 Von Baden-Baden über den Battert

Burgruinen und Aussichtsfelsen: Baden-Baden – Altes Schloss – Battert – Alteberstein – Wolfsschlucht – Baden-Baden

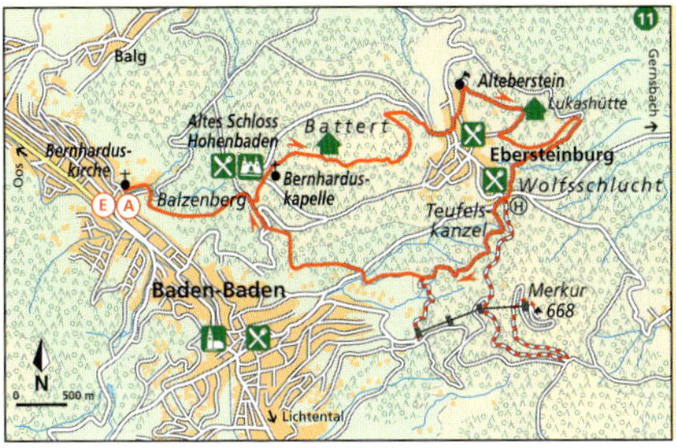

▶ **Ausgangs-/Endpunkt:** Bernharduskirche am Bernhardusplatz in der Weststadt von Baden-Baden.

▶ **Wanderkarte:** Schwarzwaldvereins-Wanderkarte 1:50 000 Blatt 2 Baden-Baden/Hornisgrinde (Landesvermessungsamt Baden-Württemberg) oder Atlasco-Wanderkarte 1:30 000 Blatt 229 Baden-Baden und Umgebung.

▶ **Markierung:** Grüner Ring, blauer Ring und namentliche Ausschilderungen.

▶ **Verkehrsanbindung:** A 5 Basel – Karlsruhe Ausfahrt Baden-Baden. S-Bahn Karlsruhe – Rastatt – Baden-Baden (Linie S 4).

▶ **Einkehr:** Altes Schloss, Ebersteinburg, Wolfsschlucht, Baden-Baden.

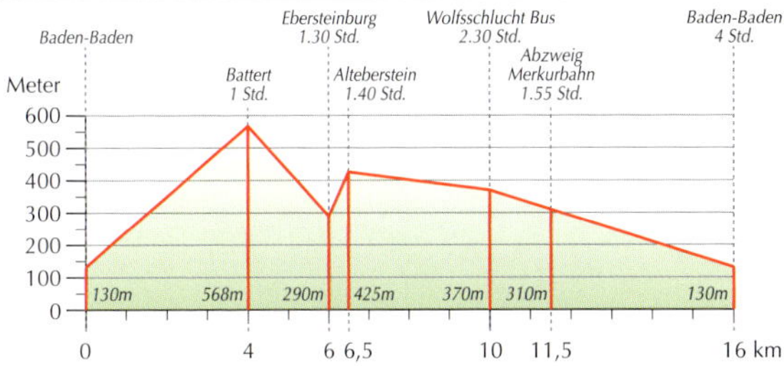

12 Von Forbach zum Hohloh

Heuhüttentäler und Felsen hoch über dem Murgtal: Forbach – Gausbach – Latschigfelsen – Hohloh – Schramberg – Forbach

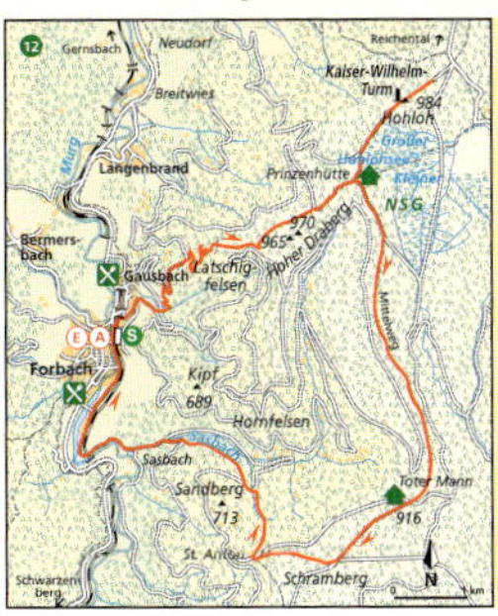

▶ **Beste Jahreszeit:** Frühjahr bis Herbst; nicht bei Schneelage.

▶ **Ausgangs-/Endpunkt:** S-Bahnhof Forbach.

▶ **Wanderkarte:** Wanderkarte 1:50 000 Blatt 3 Wildbad Freudenstadt (Landesvermessungsamt Baden-Württemberg) oder Atlasco-Wanderkarte 1:30 000 Blatt 231 Bad Herrenalb/Bad Wildbad.

▶ **Markierung:** Rote Raute (Westweg), blaue Raute und namentliche Ausschilderungen.

▶ **Verkehrsanbindung:** S-Bahn S 41 Rastatt – Gaggenau – Gernsbach – Forbach – Freudenstadt. Autoanfahrt auf der A 5 Basel – Karlsruhe Ausfahrt Rastatt, dann auf der B 462 durch das Murgtal nach Forbach.

▶ **Einkehr:** Außer in Gausbach und Forbach keine unterwegs.

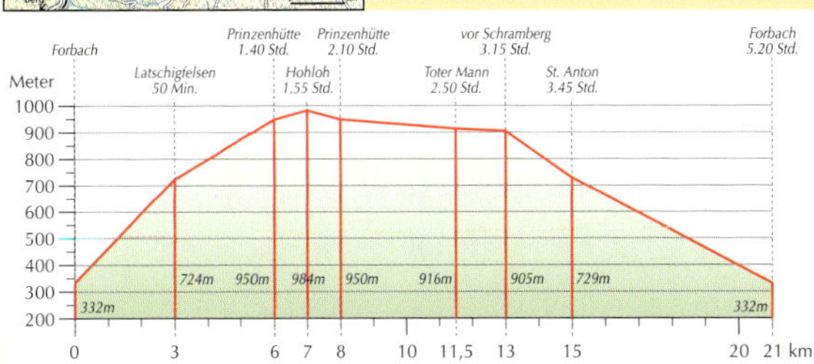

13 Zur Badener Höhe

Großartiges Panorama: Schwarzenbachtalsperre – Herrenwieser See – Badener Höhe – Kurhaus Sand – Herrenwies – Schwarzenbachtalsperre

▶ **Ausgangs-/Endpunkt:** Bushaltestelle und Parkplätze an der Schwarzenbachtalsperre.

▶ **Wanderkarte:** Schwarzwaldvereins-Wanderkarte 1:50000 Blatt 2 Baden-Baden/Hornisgrinde (Landesvermessungsamt Baden-Württemberg) oder Atlasco-Wanderkarte 1:30000 Blatt 229 Baden-Baden und Umgebung.

▶ **Markierung:** Blaue Raute, rote Raute (Westweg) und namentliche Ausschilderungen.

▶ **Verkehrsanbindung:** S-Bahn S 41 Rastatt – Gaggenau – Gernsbach – Freudenstadt bis Forbach-Raumünzach, dort Bus 246 zur Schwarzenbachtalsperre. Autoanfahrt auf der A 5 Basel – Karlsruhe Ausfahrt Rastatt, dann auf der B 462 durch das Murgtal nach Forbach und in Forbach-Raumünzach abzweigen zur Schwarzenbachtalsperre an der Straße Richtung Schwarzwaldhochstraße.

▶ **Einkehr:** Schwarzenbachtalsperre, Sand, Herrenwies.

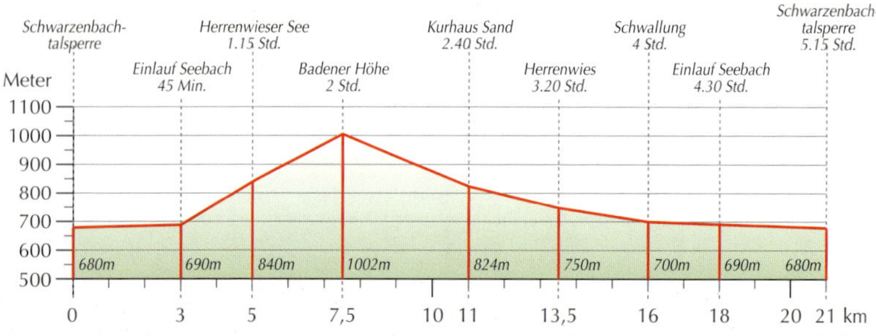

14 Von Bühlertal zu den Gertelbachfällen

Wasserfälle und großartige Aussichtsfelsen: Bühlertal – Gertelbachschlucht – Wiedenfelsen – Falkenfelsen – Kohlbergwiese – Bühlertal

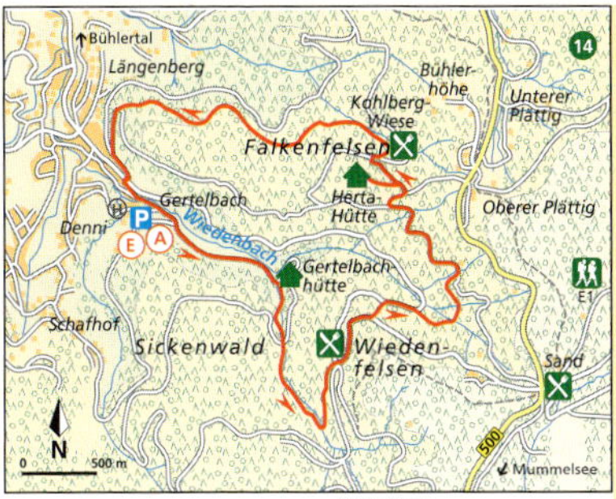

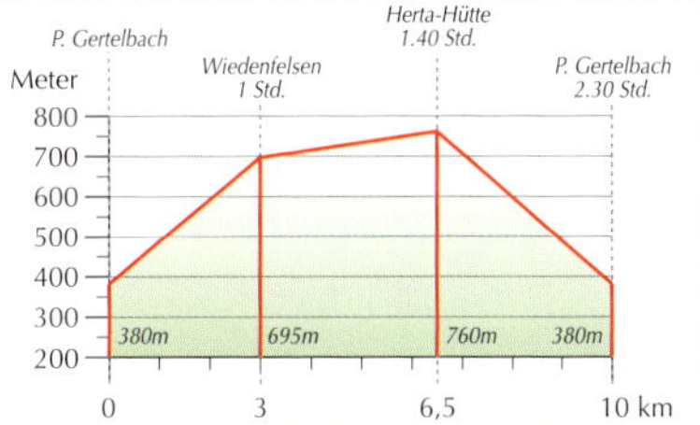

▶ **Ausgangs-/Endpunkt:** Wanderparkplatz Gertelbach am oberen Ortsausgang von Bühlertal, ausgeschildert an der Sandstraße Richtung Sand/Schwarzwaldhochstraße.

▶ **Wanderkarte:** Schwarzwaldvereins-Wanderkarte 1:50 000 Blatt 2 Baden-Baden/Hornisgrinde (Landesvermessungsamt Baden-Württemberg) oder Atlasco-Wanderkarte 1:30 000 Blatt 278 Schwarzwaldhochstraße.

▶ **Markierung:** Blaue Raute, weißer Punkt und namentliche Ausschilderungen.

▶ **Verkehrsanbindung:** Bus Bühl – Bühlertal – Sand. Autoanfahrt auf der A 5 Frankfurt – Basel Ausfahrt Bühl und weiter Richtung Bühlertal/Schwarzwaldhochstraße.

▶ **Einkehr:** Wiedenfelsen (saisonal), Kohlbergwiese.

15 Über die Hornisgrinde zum Mummelsee

Aussicht auf den höchsten Nordschwarzwaldberg: Kurhaus Sand – Hundseck – Hochkopf – Unterstmatt – Ochsenstall – Hornisgrinde – Mummelsee

▶ **Ausgangspunkt:** Bushaltestelle und Parkplätze am Kurhaus Sand in Bühl-Sand an der Schwarzwaldhochstraße an der Kreuzung mit der Passstraße von Bühlertal nach Forbach/Murgtal.
▶ **Endpunkt:** Bushaltestelle am Mummelsee (Gemeinde Seebach).
▶ **Wanderkarte:** Schwarzwaldvereins-Wanderkarte 1:50 000 Blatt 2 Baden-Baden/Hornisgrinde (Landesvermessungsamt Baden-Württemberg) oder Atlasco-Wanderkarte 1:30 000 Blatt 278 Schwarzwaldhochstraße.

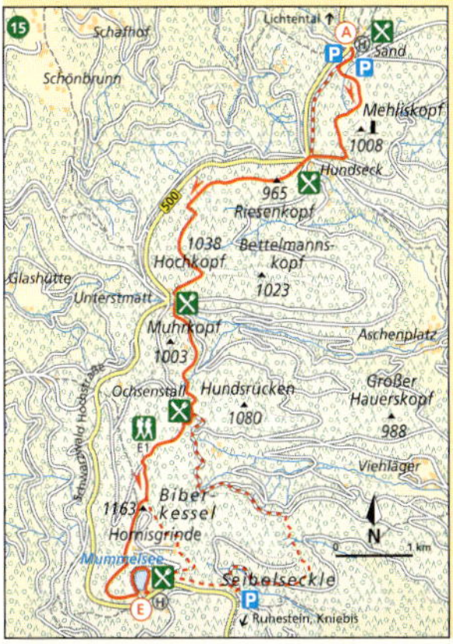

▶ **Markierung:** Rote Raute (Westweg) und namentliche Ausschilderungen.
▶ **Verkehrsanbindung:** Das Kurhaus Sand an der Schwarzwaldhochstraße B 500 ist mit dem Bus von Baden-Baden, von Bühl bzw. Bühlertal und von Forbach-Raumünzach (S-Bahnhof der Murgtalbahn) erreichbar.
▶ **Einkehr:** Kurhaus Sand in Bühl-Sand, Höhengaststätte Hundseck in Bühl-Hundseck, Höhenhotel Unterstmatt in Bühl-Unterstmatt, Wanderheim Ochsenstall, Mummelsee.

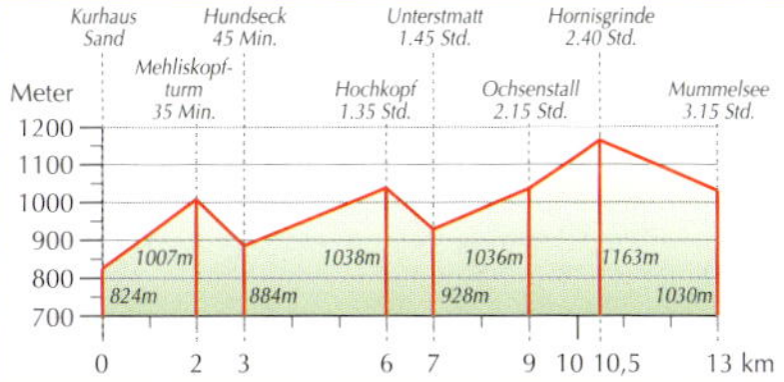

16 Von Huzenbach nach Klosterreichenbach

Teichrosenromantik über dem oberen Murgtal: Huzenbach – Huzenbacher See – Steinmäuerle – Klosterreichenbach

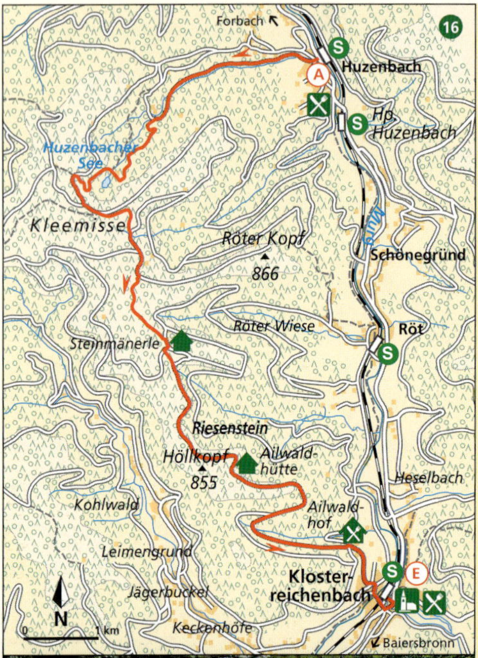

- **Ausgangspunkt:** S-Bahn-Haltestelle Huzenbach an der S 41 Rastatt – Baiersbronn – Freudenstadt (Murgtal-Bahn).
- **Endpunkt:** S-Bahn-Haltestelle Klosterreichenbach an der S 41 Rastatt – Baiersbronn – Freudenstadt (Murgtal-Bahn).
- **Wanderkarte:** Schwarzwaldvereins-Wanderkarte 1:50 000 Blatt 3 Wildbad/Freudenstadt (Landesvermessungsamt Baden-Württemberg) oder Atlasco-Wanderkarte 1:30 000 Blatt 234 Freudenstadt/Baiersbronn.
- **Markierung:** Blaue Raute und namentliche Ausschilderungen.
- **Verkehrsanbindung:** S 41 (Murgtal-S-Bahn) Rastatt – Baiersbronn – Freudenstadt. Anfahrt auf der A 5 Basel – Karlsruhe Ausfahrt Rastatt, weiter auf der B 462 Richtung Freudenstadt.
- **Einkehr:** Huzenbach, Klosterreichenbach.

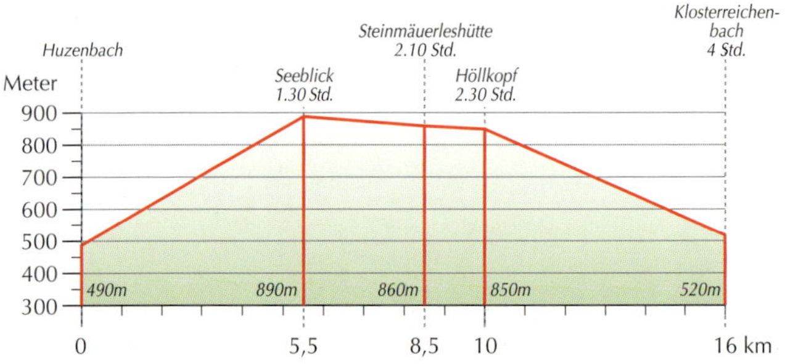

17 Dreiseenwanderung bei Baiersbronn

Über den Kniebis: Buhlbachsaue – Buhlbachsee – Alexanderschanze – Kniebis – Ellbachseeblick – Sankenbachfälle – Baiersbronn

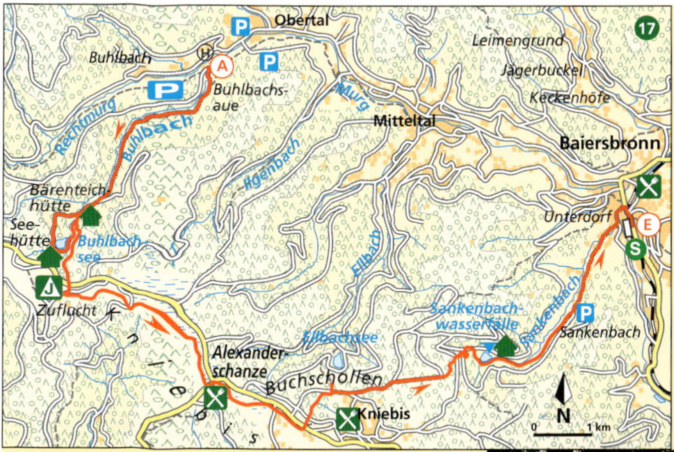

▶ **Ausgangspunkt:** Bushaltestelle und Parkplätze in Baiersbronn-Buhlbachsaue. Buslinie 21 Freudenstadt – S-Bahnhof Baiersbronn – Buhlbach (fährt Mo – Fr, an Wochenenden und an Feiertagen als Freizeitbus)

▶ **Endpunkt:** S-Bahnhof Baiersbronn.

▶ **Wanderkarte:** Schwarzwaldvereins-Wanderkarte 1:50 000 Blatt 3 Wildbad/Freudenstadt (Landesvermessungsamt Baden-Württemberg) oder Atlasco-Wanderkarte 1:30 000 Blatt 234 Freudenstadt/Baiersbronn.

▶ **Markierung:** Blaue Raute, rote Raute (Westweg) und namentliche Ausschilderungen.

▶ **Verkehrsanbindung:** Anfahrt auf der A 5 Basel – Karlsruhe Ausfahrt Rastatt, weiter auf der B 462 Richtung Freudenstadt. S 41 (Murgtal-S-Bahn) Rastatt – Baiersbronn – Freudenstadt.

▶ **Einkehr:** Alexanderschanze, Kniebis, Baiersbronn.

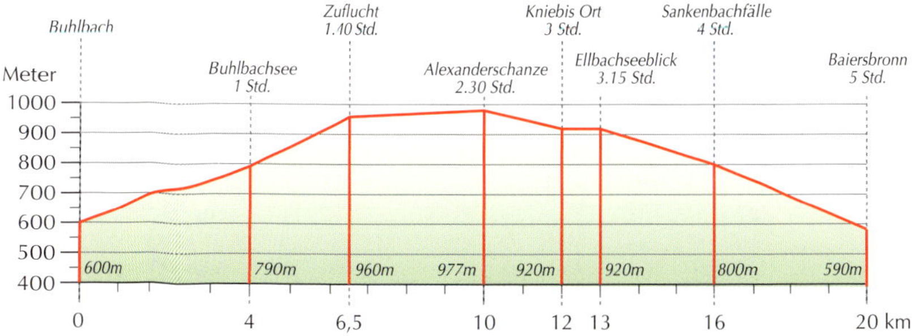

30 Durch den Taubergießen

Naturparadies am Fuße des Schwarzwalds: Zollhaus Taubergießen – Herrenkopfbrücke – Zuckerbrücke – Zollhaus Taubergießen

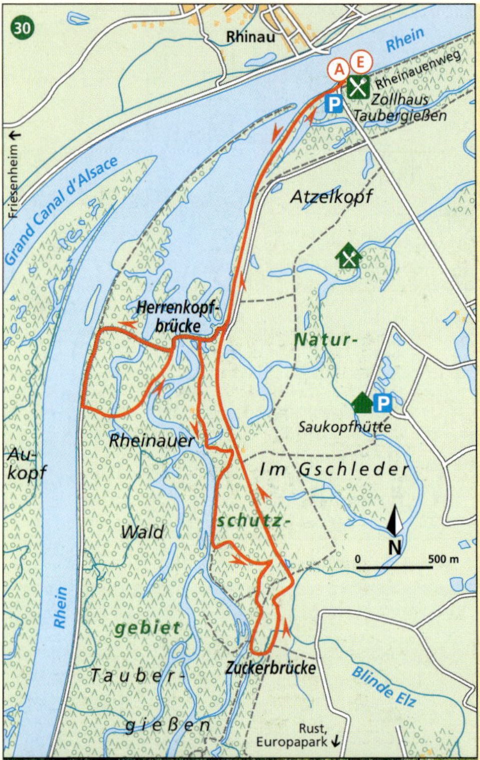

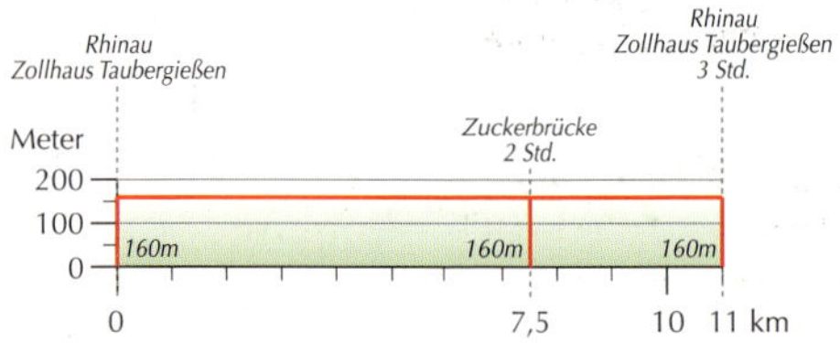

▶ **Ausgangs-/Endpunkt:** Informationsstelle Zollhaus Taubergießen in Rhinau auf der rechten Seite des Rheins beim Anleger der Rheinfähre.

▶ **Wanderkarte:** Wanderkarte 1:25 000 Naturschutzgebiet Taubergießen, erhältlich am Ausgangspunkt im Zollhaus Taubergießen.

▶ **Markierung:** Blaue Wellen (Rheinauenweg) und Kormoran (Kormoranweg).

▶ **Verkehrsanbindung:** Anfahrt auf der A 5 Basel – Karlsruhe Ausfahrt Ettenheim und via Kappel-Grafenhausen Richtung Rhinau (Rheinau).

▶ **Einkehr:** Kiosk am Ausgangspunkt.